顏真卿楷書

過年寫春聯

靈南

主编　杨　华

编　刘善军

河南美术出版社
·郑州·

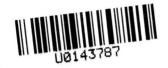

图书在版编目（CIP）数据

颜真卿楷书 / 刘善军编. —郑州 : 河南美术出版社，2021.10

（过年写春联 / 杨华主编）

ISBN 978-7-5401-5595-7

Ⅰ. ①颜… Ⅱ. ①刘… Ⅲ. ①楷书－法帖－中国－唐代 Ⅳ. ①J292.24

中国版本图书馆 CIP 数据核字（2021）第 189666 号

过年写春联·颜真卿楷书

主编　杨　华　　编　刘善军

出 版 人　李　勇
责任编辑　庞　迪
责任校对　管明锐
装帧设计　庞　迪
出版发行　河南美术出版社
　　　　　地址：郑州市郑东新区祥盛街 27 号
　　　　　邮编：450000
　　　　　电话：(0371) 65788152
制　　作　河南金鼎美术设计制作有限公司
印　　刷　郑州新海岸电脑彩色制印有限公司
开　　本　787 毫米 ×1092 毫米　1/16
印　　张　6
字　　数　75 千字
版　　次　2021 年 10 月第 1 版
印　　次　2021 年 10 月第 1 次印刷
书　　号　ISBN 978-7-5401-5595-7
定　　价　25.00 元

关于春联

春联也叫“门对”“春贴”“对联”“对子”。它以工整、对偶、简洁、精巧的文字描绘时代背景，抒发美好愿望，是我国特有的一种文学形式。每逢春节，无论城市还是农村，家家户户都要精选一副大红春联贴于门上，为节日增加喜庆气氛。

据说中国最早的春联出自五代后蜀国君孟昶。某年除夕，孟昶突发奇想在寝门桃符板上题词“新年纳余庆，嘉节号长春”，谓之“题桃符”。这两句话的大意是：新年享受着先代的遗泽，佳节预示着春意常在。这就是春联的雏形。

过年贴春联的民俗起源于宋代，并在明代开始盛行。据《簪云楼杂说》载，明太祖朱元璋酷爱对联，不仅自己挥毫书写，还常常鼓励臣下书写。有一年除夕，他传旨：“公卿士庶家，门上须加春联一副。”后太祖微服出巡，看见各家张贴的春联十分高兴。当他行至一户人家，见门上没有春联，便问何故。原来主人是个杀猪的，正愁找不到人写春联。朱元璋当即挥笔写下了一副内容为“双手劈开生死路，一刀割断是非根”的春联送给了这户人家。从这个故事中可以看出朱元璋对春联的大力提倡，也正是因为他身体力行，才推动了春联的普及。

到了清代，春联的思想性和艺术性都有了很大提高，梁章钜所撰《楹联丛话全编》对楹联的起源及各门类作品的特色都一一作了论述，其中就专门提到春联，可见春联在当时已成为一种文学艺术形式。

常见的春联，根据其使用场所与位置的不同，可分为门心、框对、横批、春条、斗斤等。“门心”贴于门板上端中心部位；“框对”贴于左右两个门框上；“横批”贴于门楣的横木上；“春条”是根据不同的内容，贴于相应位置的单幅文字，如在过年时在庭院里贴的“抬头见喜”“出入平安”“恭喜发财”等；“斗斤”，也叫“门叶”，为菱形或正方形，多贴在家具、单扇门或影壁上，春节时大家喜欢贴的“福”字，就属于“斗斤”。

春节贴“福”字，是我国民间由来已久的风俗。据《梦粱录》记载：“岁旦在迩，席铺百货，画门神桃符，迎春牌儿。”“士庶家不论大小，俱洒扫门闾，去尘秽，净庭户，换门神，挂钟馗，钉桃符，贴春牌，祭祀祖宗。”文中的“春牌”即写在红纸上的“福”字，“福”字代表的是“幸福”“福气”“福运”。民间还有将“福”字精描细作成各种图案的，图案有寿星、寿桃、鲤鱼跳龙门、五谷丰登、龙凤呈祥等。春节贴“福”字，无论是现在还是过去，都寄托了人们对幸福生活的向往，也是对美好未来的祝愿。

俗话说：“一年之计在于春。”我国人民自古就有乐观向上的精神，寄希望于未来，祈盼未来自己会有好运。无论在过去的一年里有什么高兴、得意的事，还是有什么不如意的事，总是希望未来的一年过得更好。因此在新春即将到来之时，贴春联恰好可以表达这种美好愿望。人们借助于春联表达对即将过去的一年的欣喜和幸福的心境，以及对新的一年的期盼与厚望。在人们的传统观念里，一年中有个好的开端是最惬意、最吉利的事。

民间有“腊月二十四，家家写大字”的说法，随着中国传统文化的复兴，过年写春联已经成为一种时尚。中国人过春节讲究喜庆、吉利、热闹，吃好的、喝好的、穿新衣、放鞭炮、走亲访友等，这体现了人们对美好生活的向往，而写春联恰恰暗合了这一点。

本套图书共十册，每册收录八十余副广大人民群众喜闻乐见的春联。我们邀请著名书法家杨华（楷书）、范彦奎（行书）、王应科（隶书）、陈泓凌（篆书）分别用四种字体精彩演绎，邀请鞠闻天（《张迁碑》）、范彦奎（米芾行书）、蒯奕池（王羲之行书）、杨德明（褚遂良楷书）、鲁凤华（欧阳询楷书）、刘善军（颜真卿楷书）对不同字体分别进行精彩组合。希望这套书能为中国传统的春节文化增添一笔浓重的“中国红”。

杨　华

目录

44	五湖四海家家乐	万紫千红处处春
45	新岁新春新气象	好人好马好前程
46	春风送暖花盈树	喜气呈祥福满门
47	楼靠青山居址稳	门环绿水福源长
48	福星高照文明院	喜气频临和睦家
49	大块文章皆锦绣	小康岁月最温馨
50	江山盛世春风里	日月新天图画中
51	四海欢歌歌盛世	九州共乐乐新春
52	九州喜庆元春日	四海欢呼大有年
53	人逢盛世千家乐	户沐春阳万事兴
54	人间正道风流世	陌上新春福寿年
55	乾坤日月祥光照	龙虎风云瑞气生
56	圆梦当催千里马	迎春只待一声雷
57	唐虞盛世虚闻古	天地长春实见今
58	雷动九州时雨润	花开万户好春来
59	迎新春江山锦绣	辞旧岁事业辉煌
60	花开富贵合家乐	灯照吉祥满堂欢
61	春满人间百花艳	福临小院四季安
62	春涵瑞霭笼和宅	月拥祥云护福门
63	家过小康欢乐日	春回大地艳阳天
64	和气生财长富贵	顺意平安永吉祥
65	门迎春夏秋冬福	户纳东西南北财
66	瑞气盈门吉祥宅	春光及第如意家
67	一夜春风花遍地	九州生气梦飞天
68	一片彩霞凝福气	万条金缕带春烟
69	一室祥和期福寿	满门喜庆乐团圆
70	九州祝福人民乐	四海皆春景色娇
71	九州追梦千秋福	百卉飘香一品春
72	几声鸟语迎春至	两手茧花接福来
73	五福枝头春永驻	三春锦上福长留
74	万家灯火平安夜	一世勤劳幸福根
75	万木春归新雨露	四邻福到好人家
76	大美春天刚破晓	小康福地正开犁
77	大好春光开福境	小康岁月赛桃源
78	大地回春春意满	小康蕴福福音多
79	大美宏图春万象	小康光景福千秋
80	小院绿浮红乍露	新年余庆福频临
81	小康盛世春光好	有福人家喜气浓
82	爆竹声中人间改岁	梅花香里天下皆春
83	阳春有脚山河溢彩	造化无私岁月增辉
84	岁岁迎春年年如意	家家纳福事事吉祥

85~90

人杰地灵	门盈五福	四海龙腾	四时常新	岁岁迎春	春色满庭	国泰民安	福乐长寿	神州春意	恭喜发财
六合同春	勤劳致富	春临宅第	春归大地	寿满天年	春意盎然	万象回春	大地回春	普天同庆	春晖万里
户纳千祥	物华天宝	五福临门	岁和人瑞	春风得意	人财兴旺	九州同春	鹏程万里	四季来财	万象更新

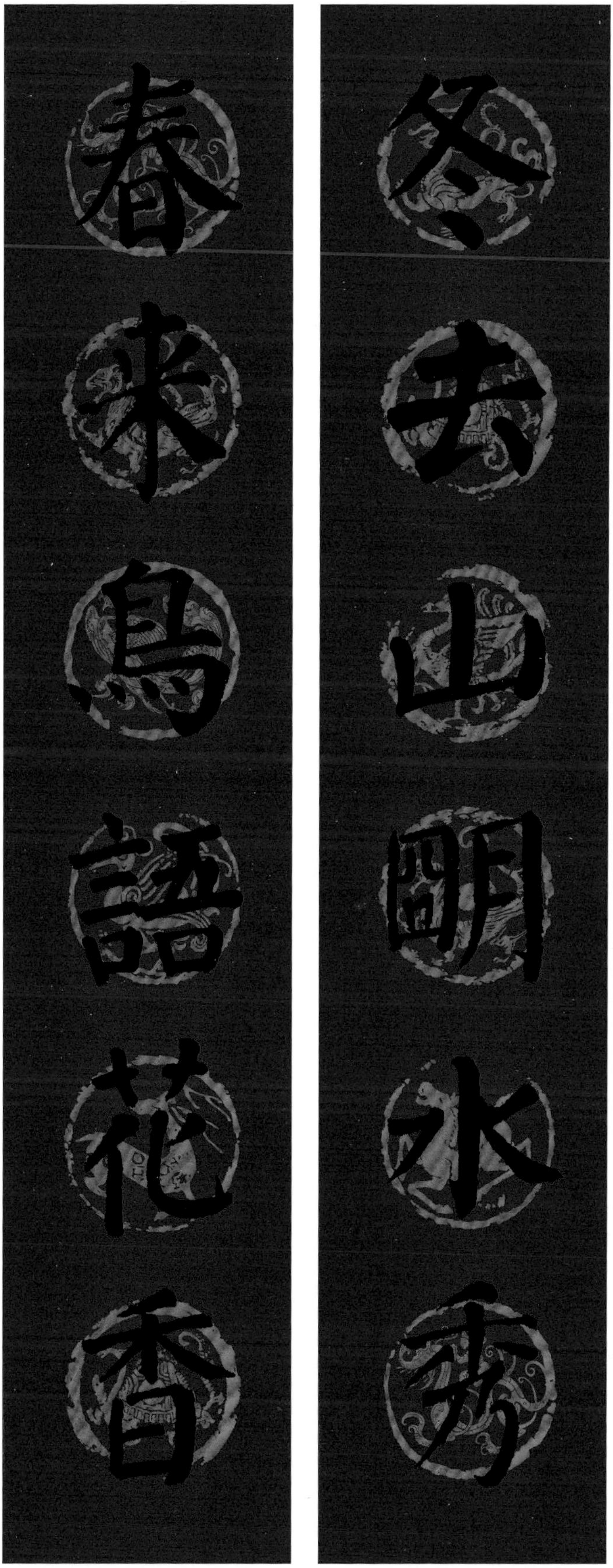

冬去山明水秀
春来鸟语花香

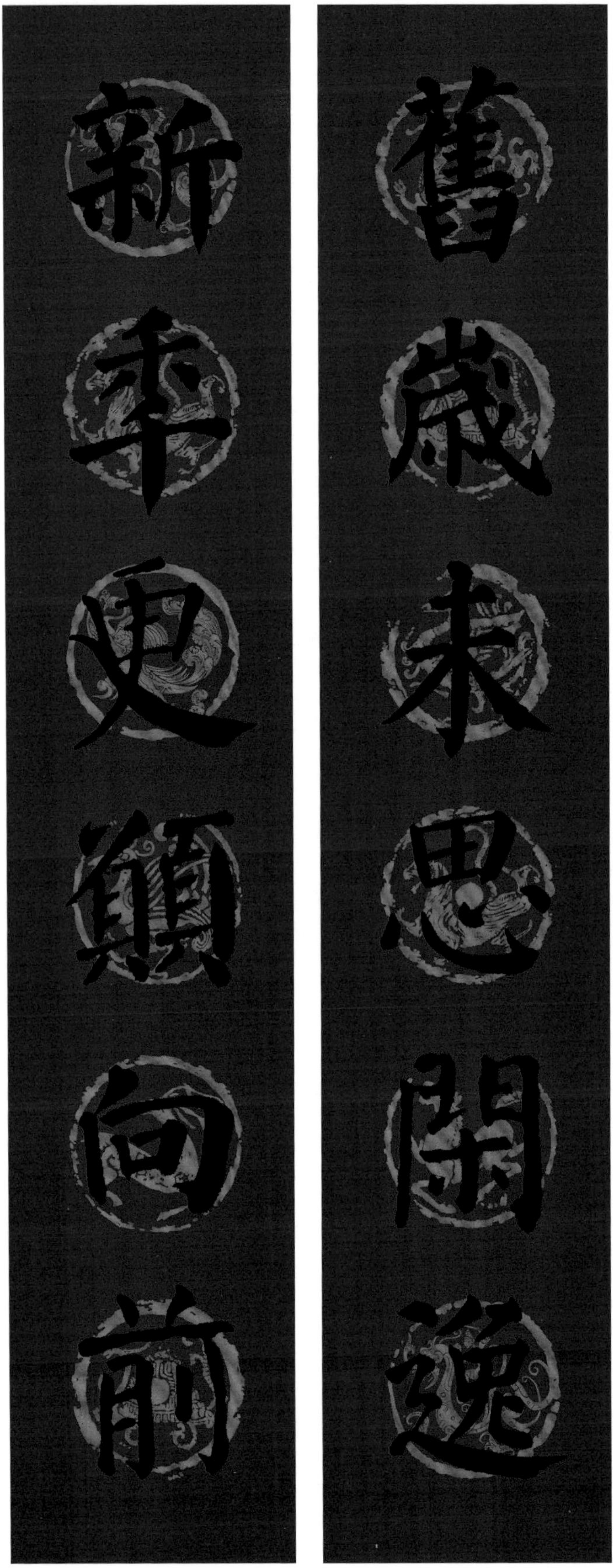

旧岁未思闲逸
新年更愿向前

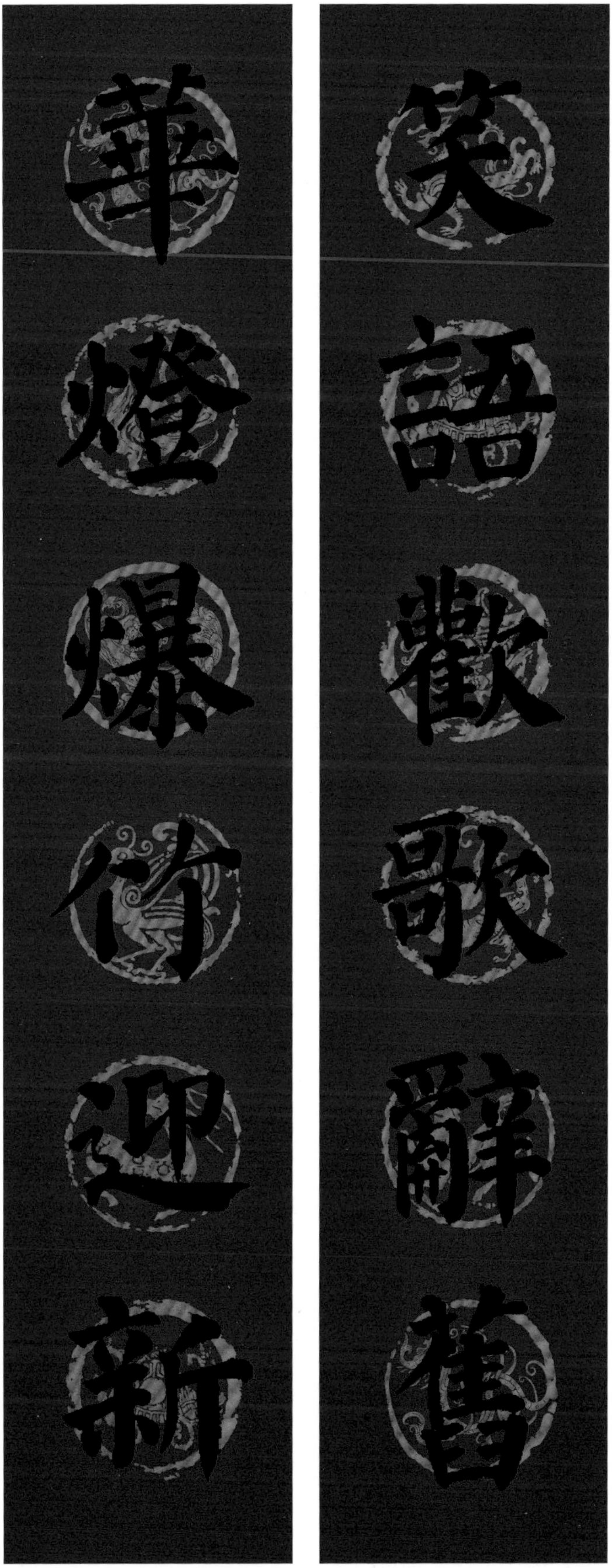

笑语欢歌辞旧
华灯爆竹迎新

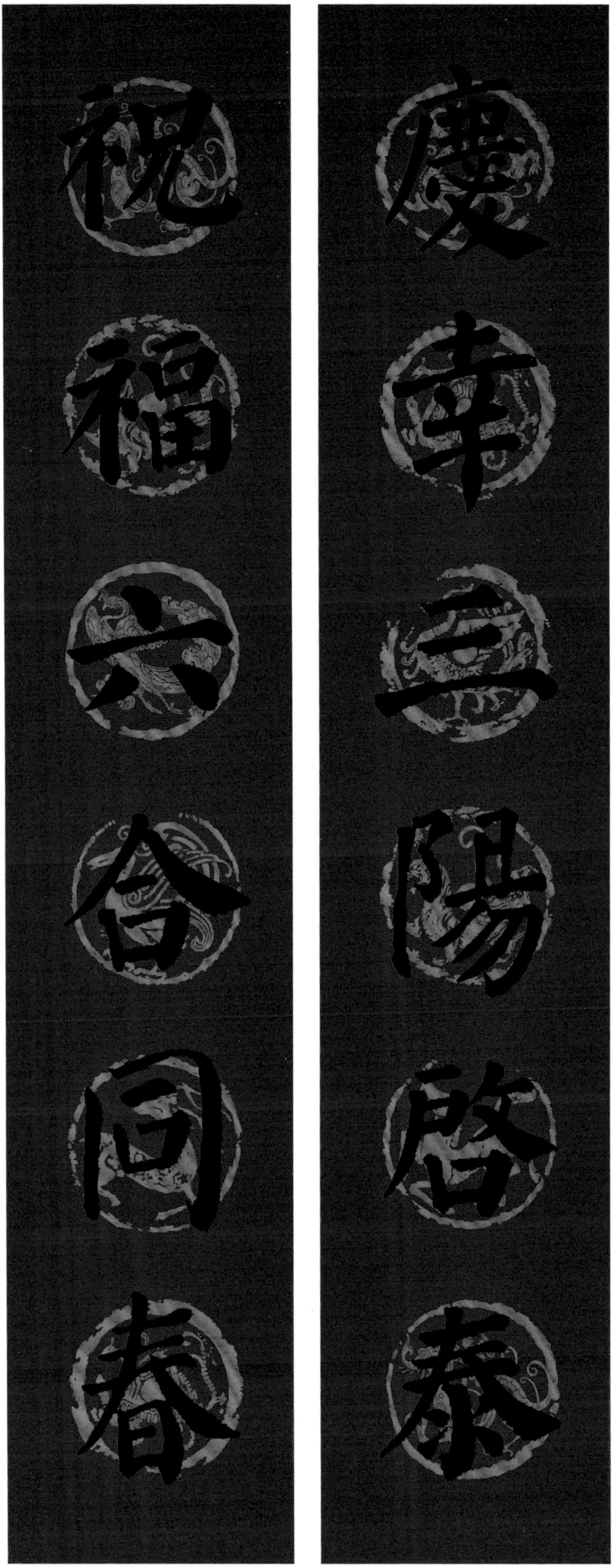

庆幸三阳启泰
祝福六合同春

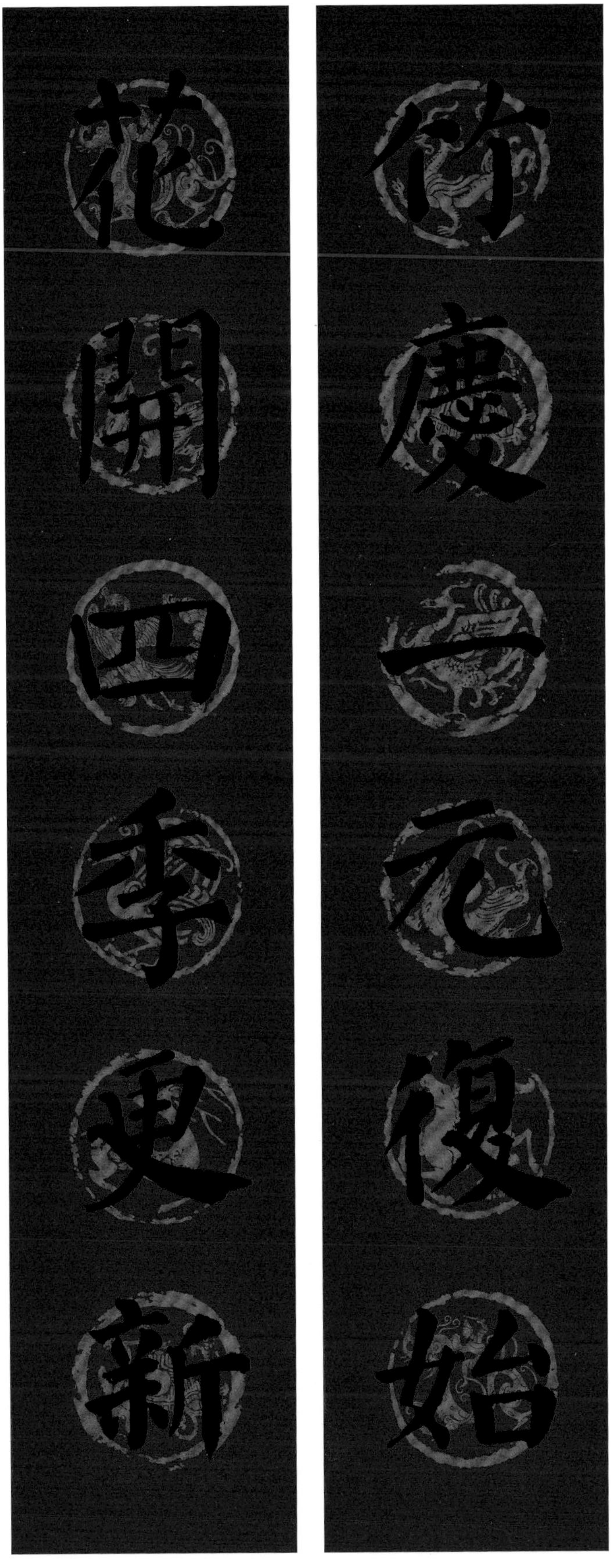

竹庆一元复始
花开四季更新

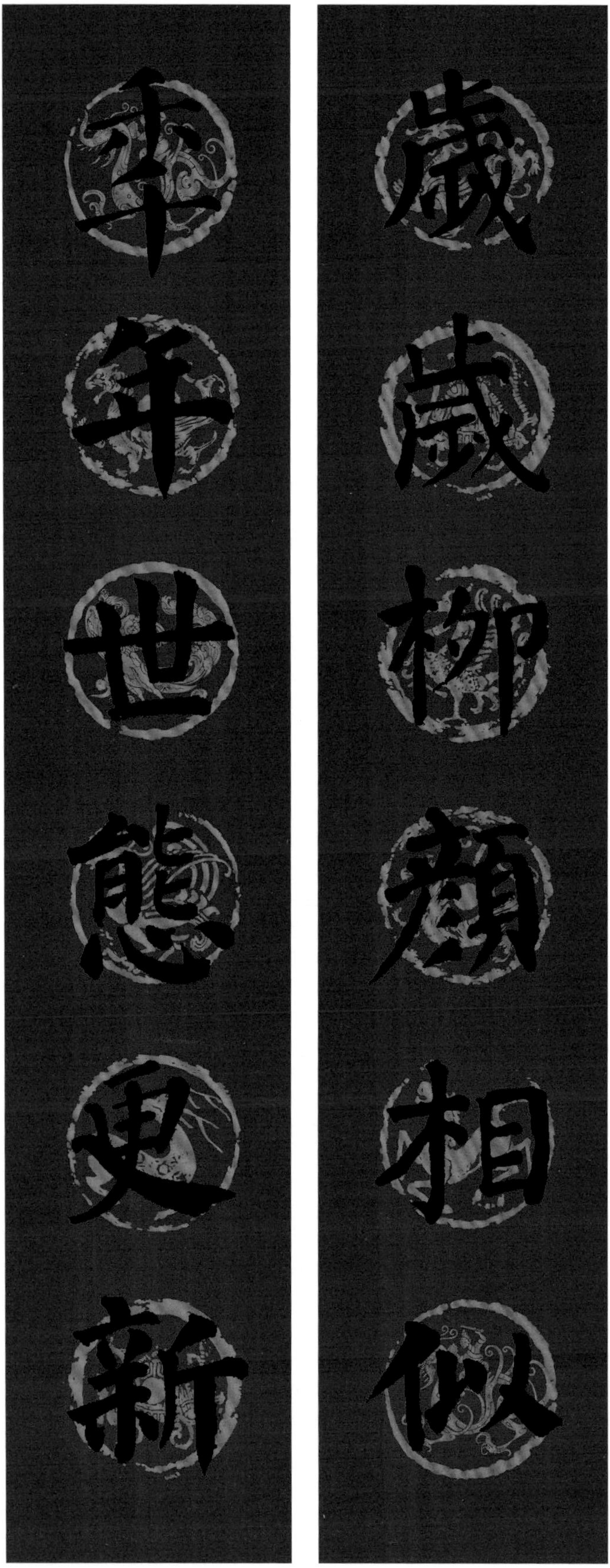

岁岁柳颜相似
年年世态更新

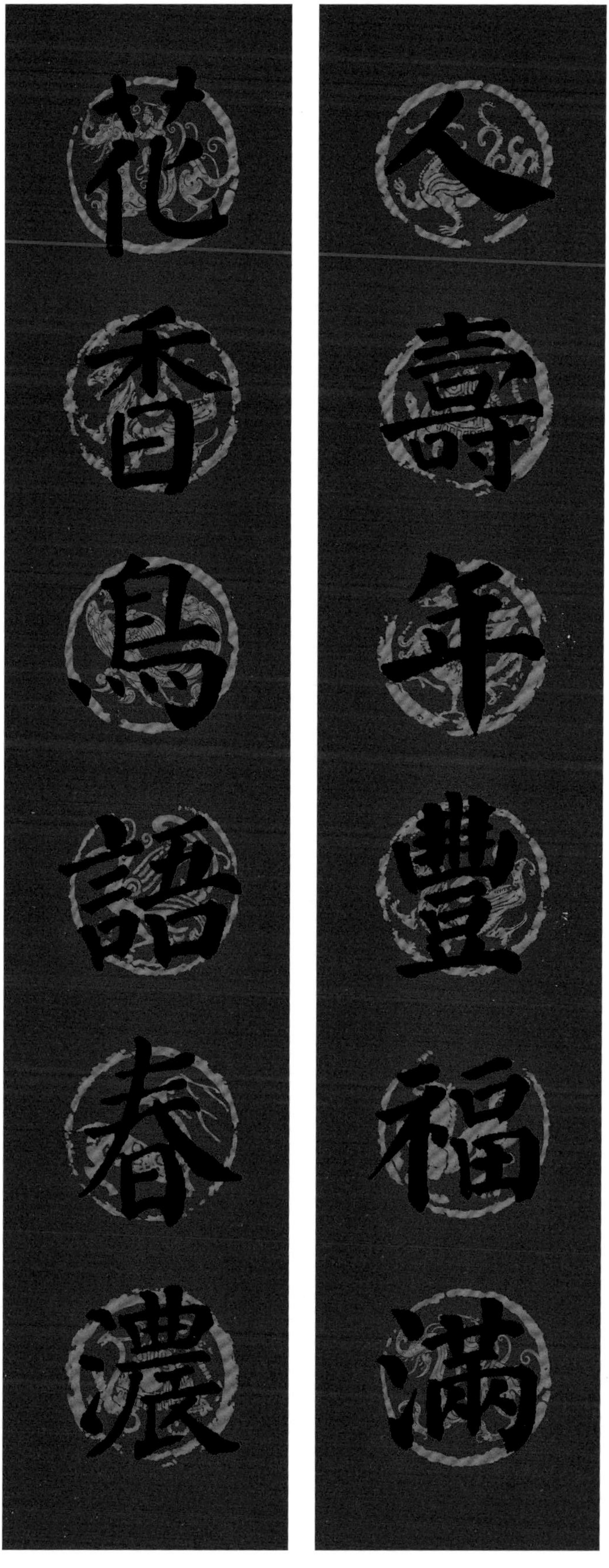

人寿年丰福满
花香鸟语春浓

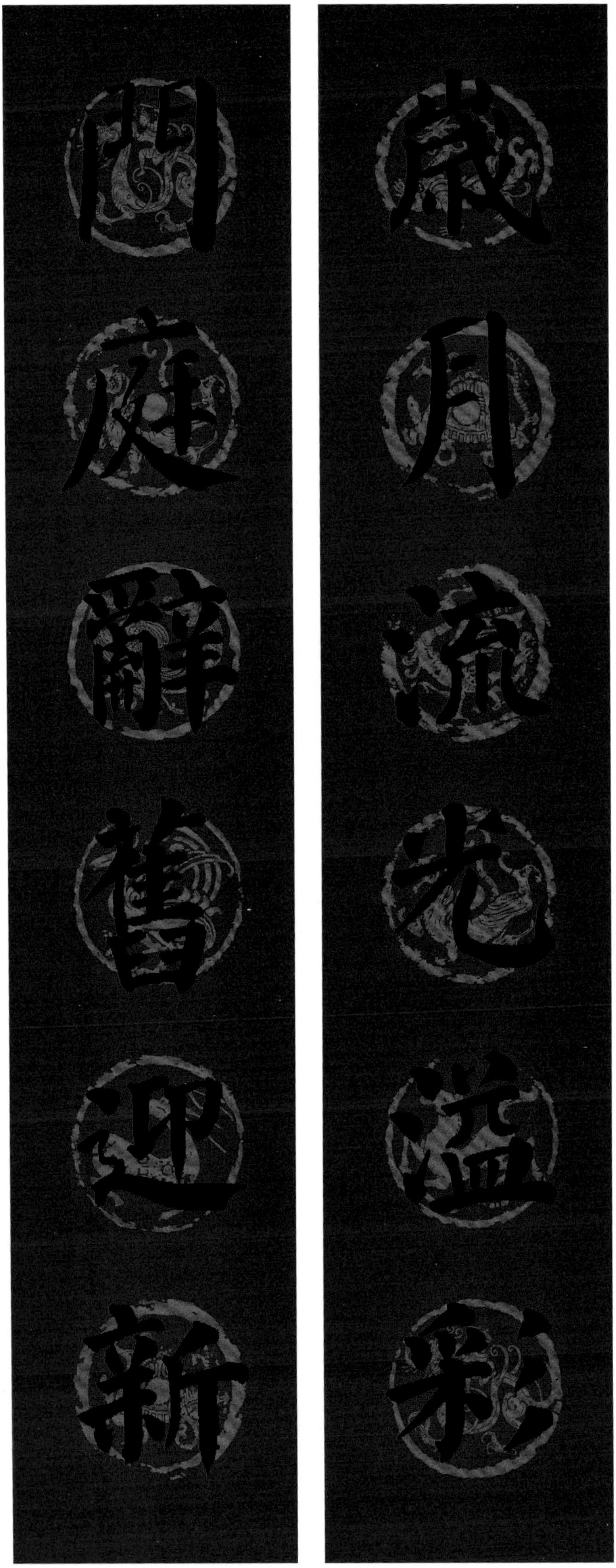

岁月流光溢彩
门庭辞旧迎新

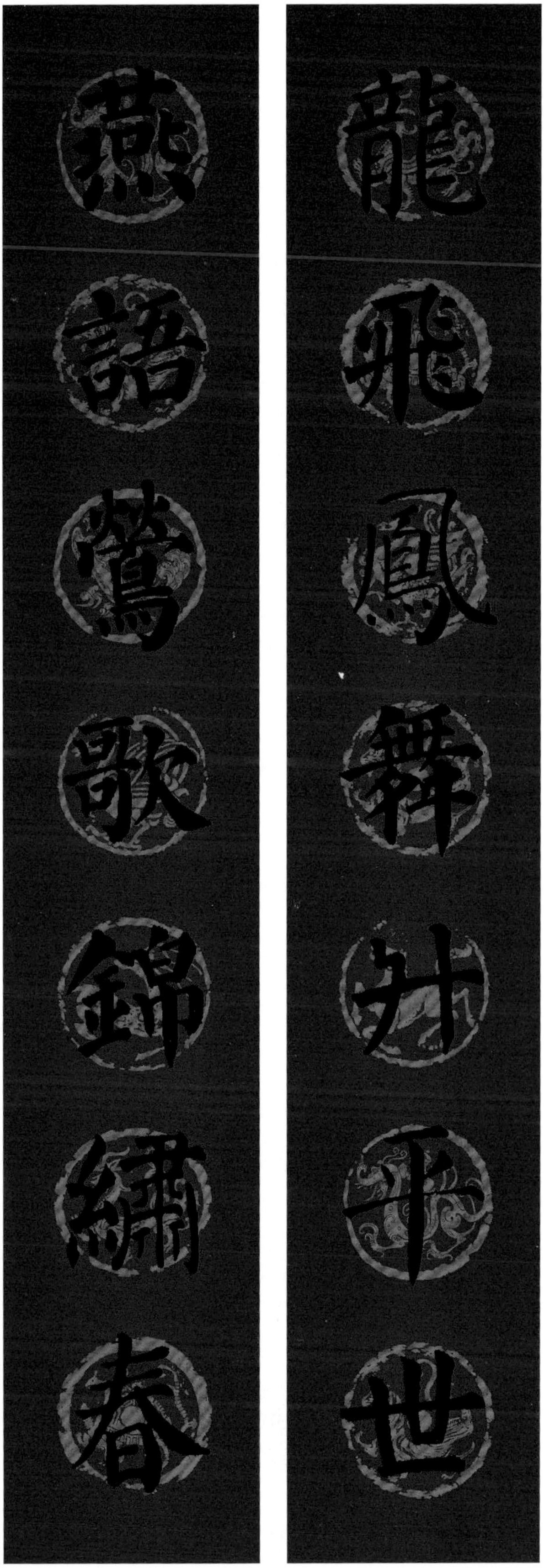

龙飞凤舞升平世
燕语莺歌锦绣春

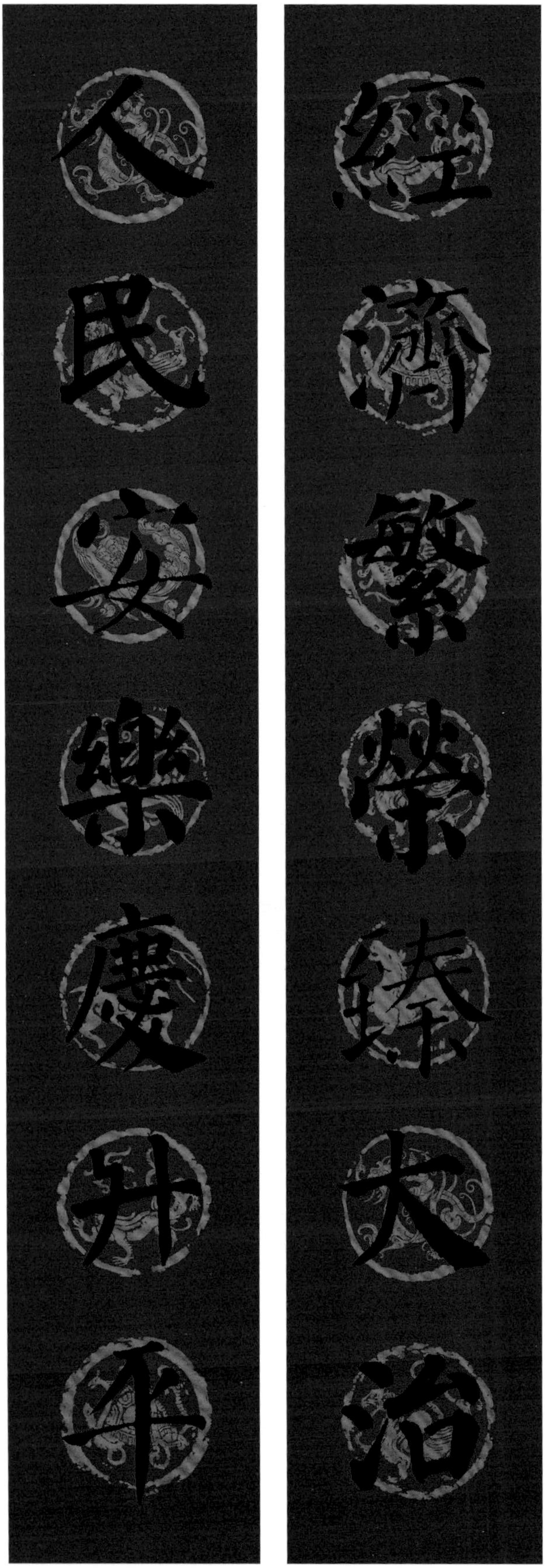

经济繁荣臻大治
人民安乐庆升平

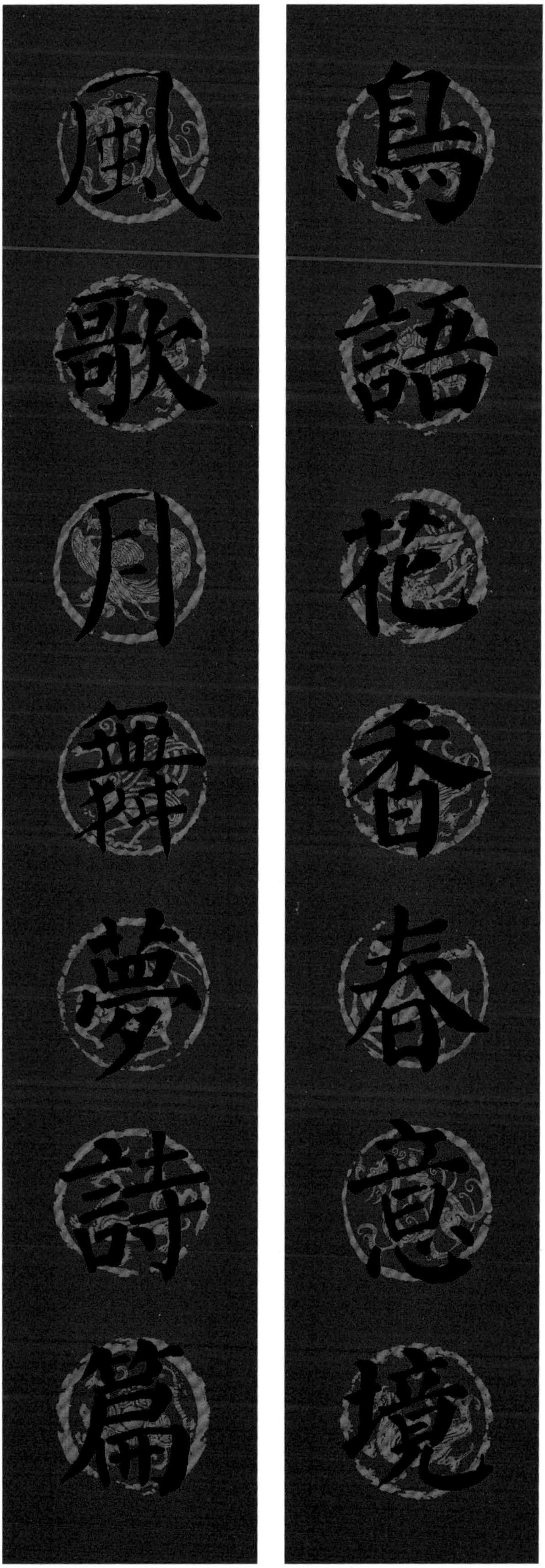

鸟语花香春意境
风歌月舞梦诗篇

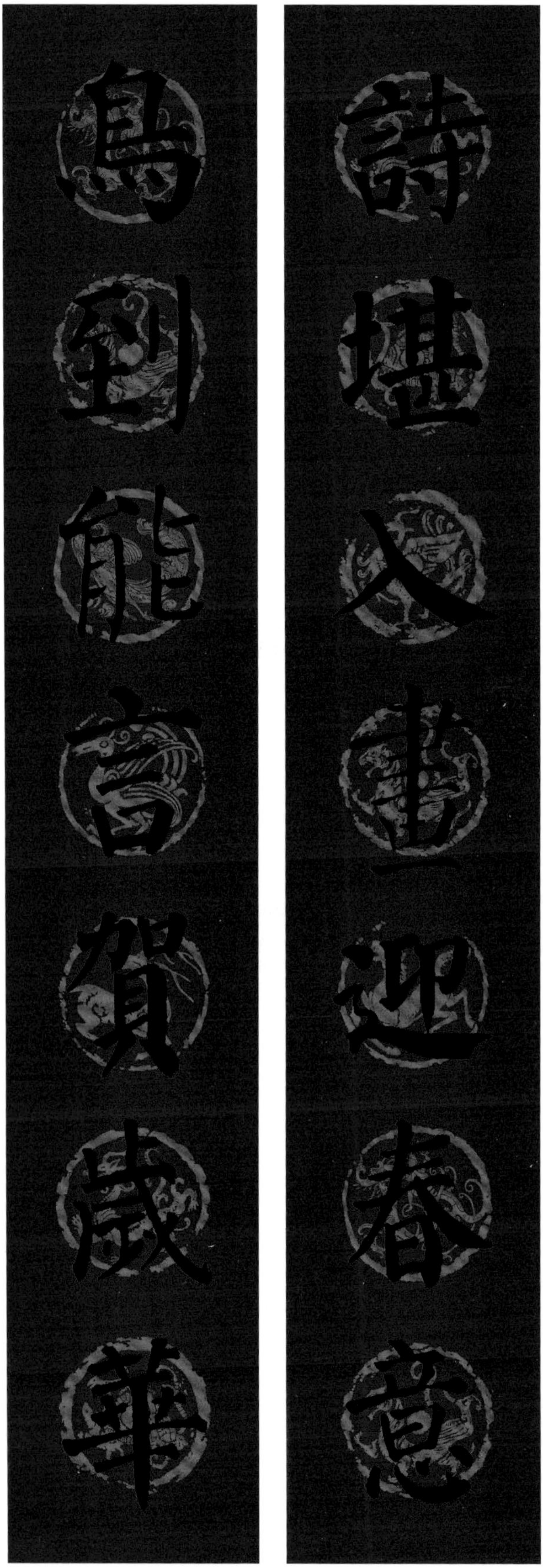

诗堪入画迎春意
鸟到能言贺岁华

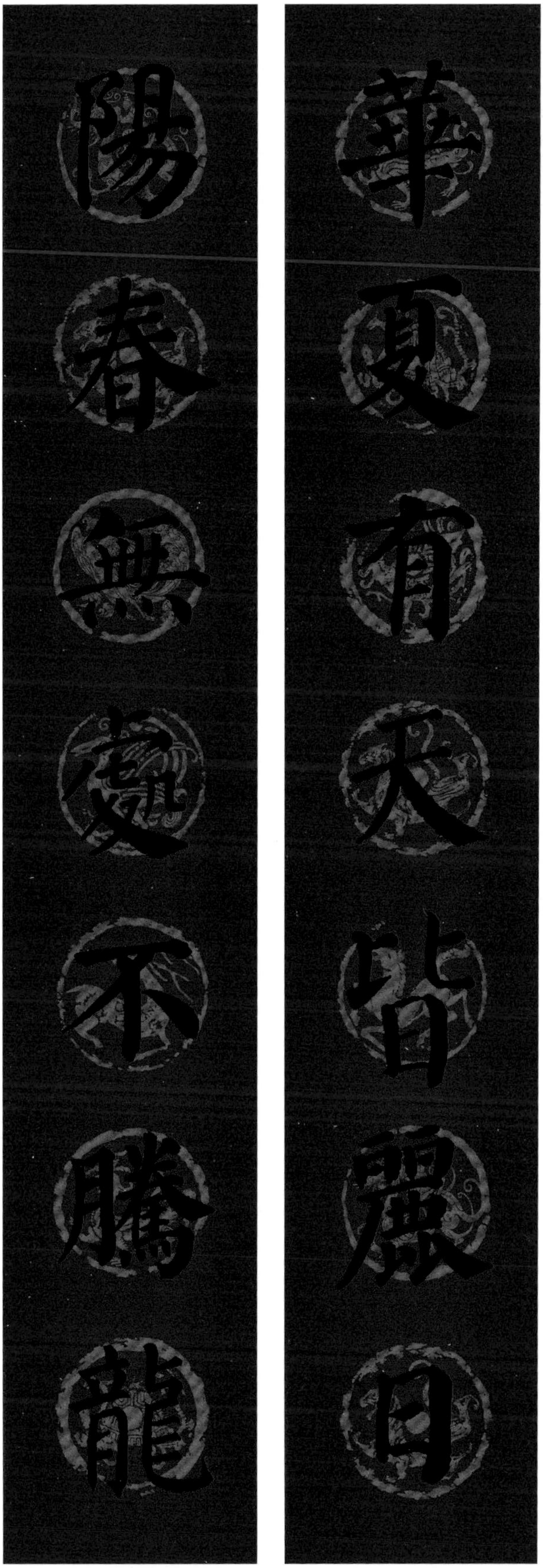

华夏有天皆丽日
阳春无处不腾龙

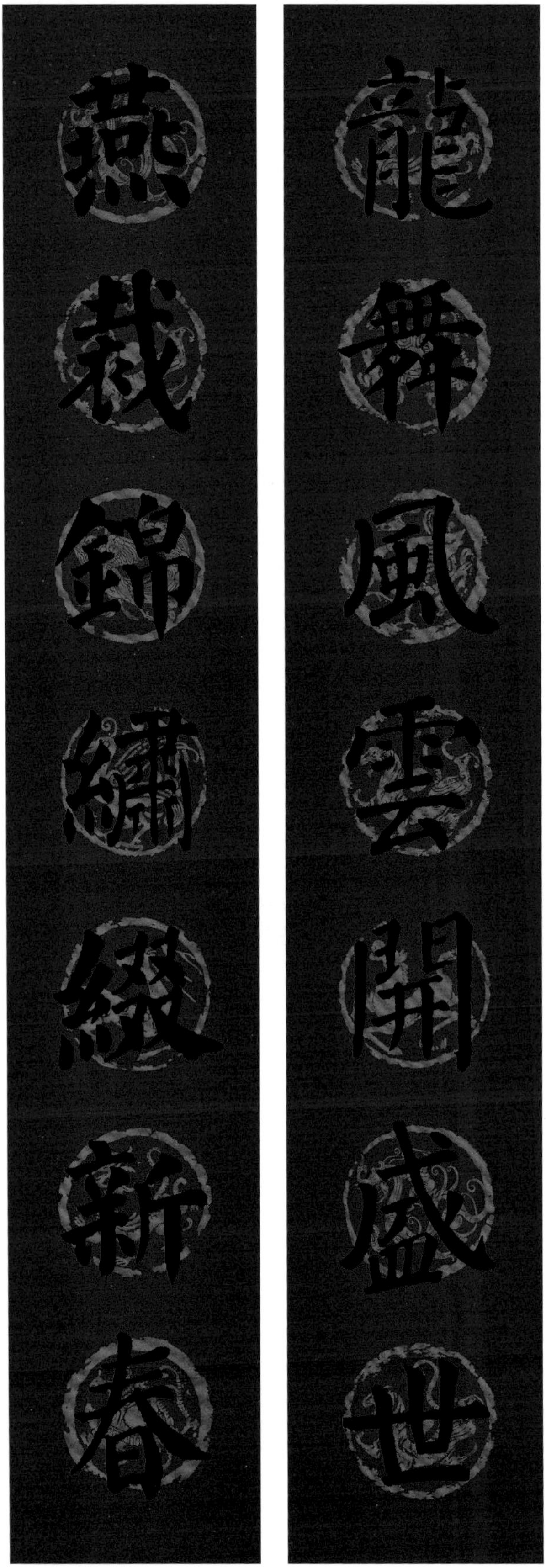

龙舞风云开盛世
燕裁锦绣缀新春

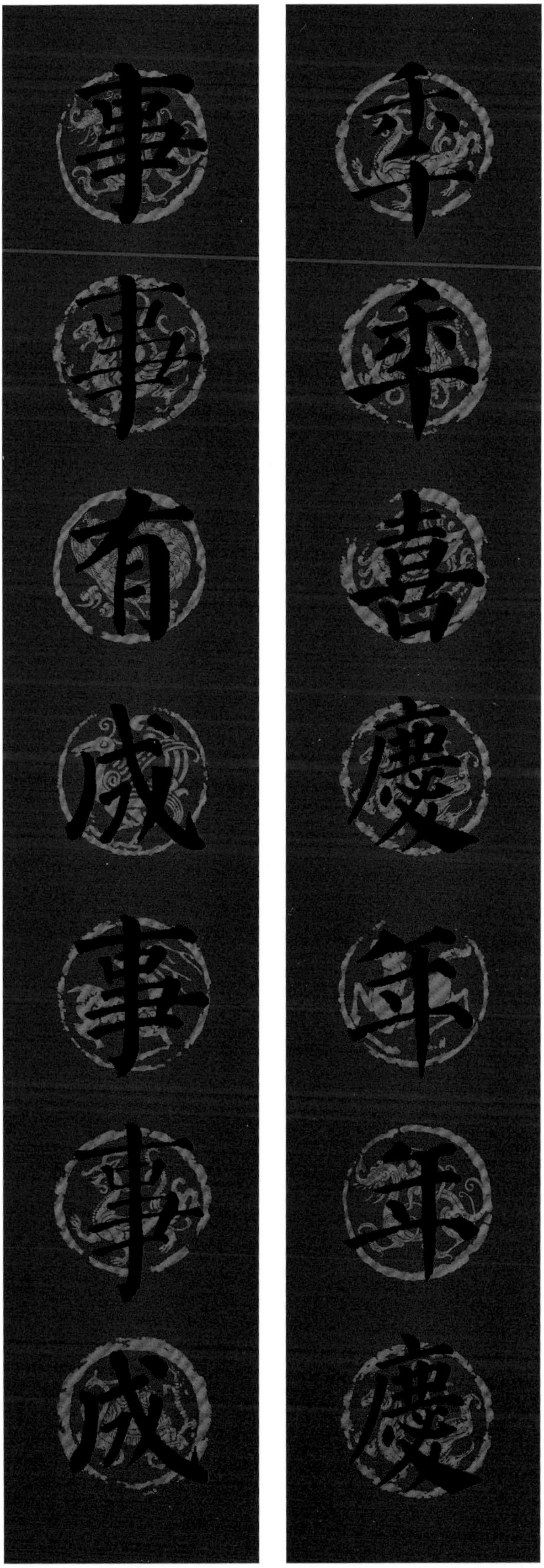

年年喜庆年年庆
事事有成事事成

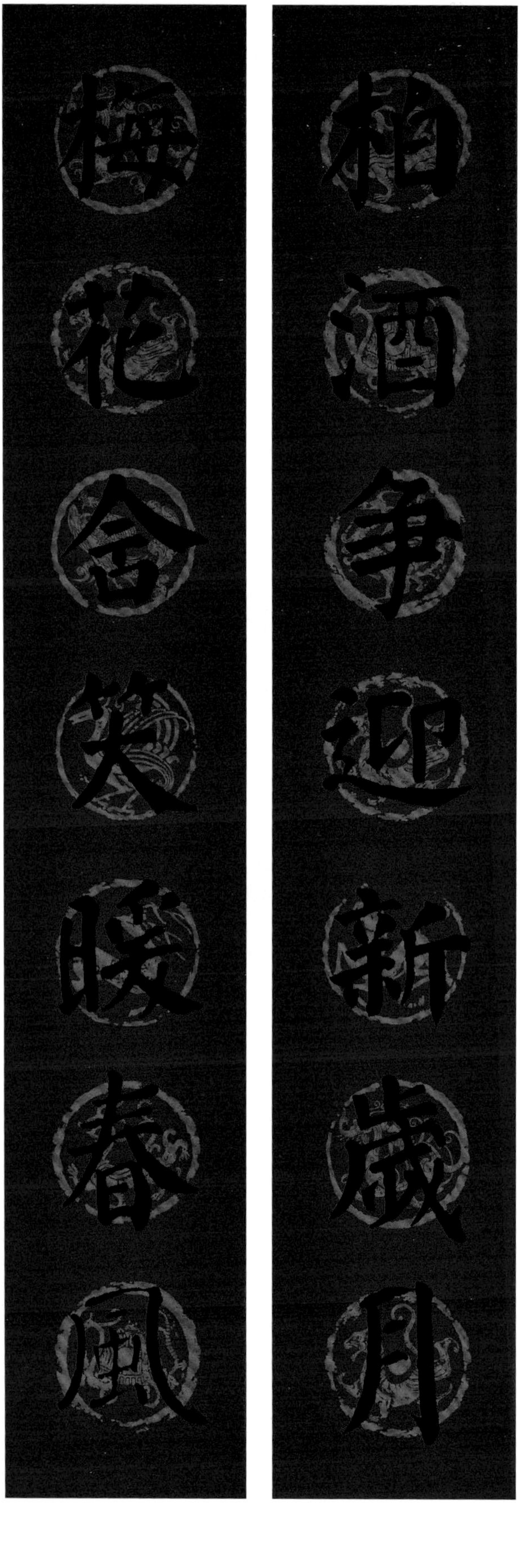

柏酒争迎新岁月
梅花含笑暖春风

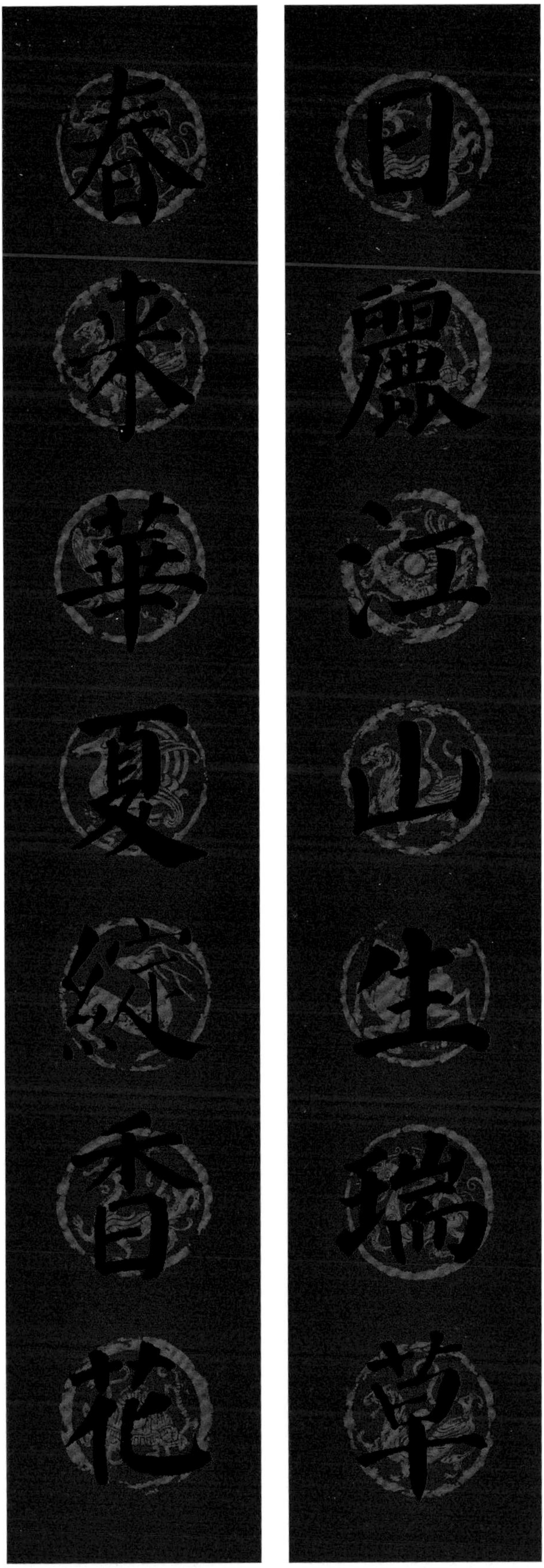

日丽江山生瑞草
春来华夏绽香花

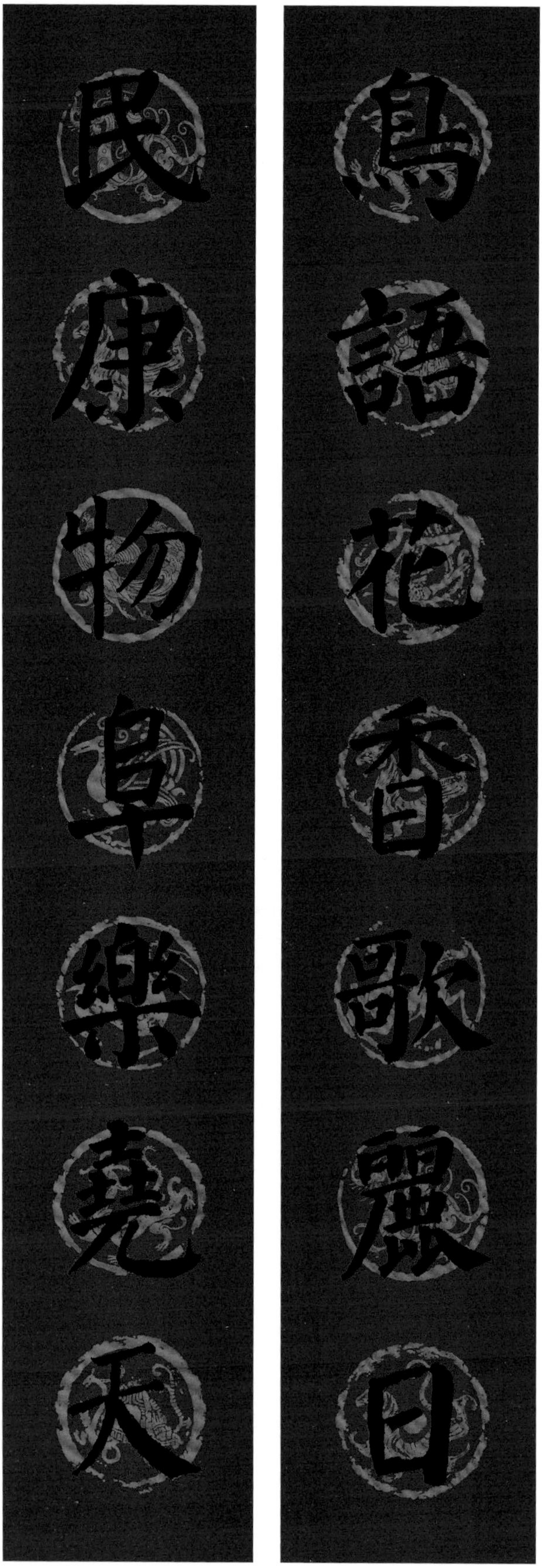

鸟语花香歌丽日
民康物阜乐尧天

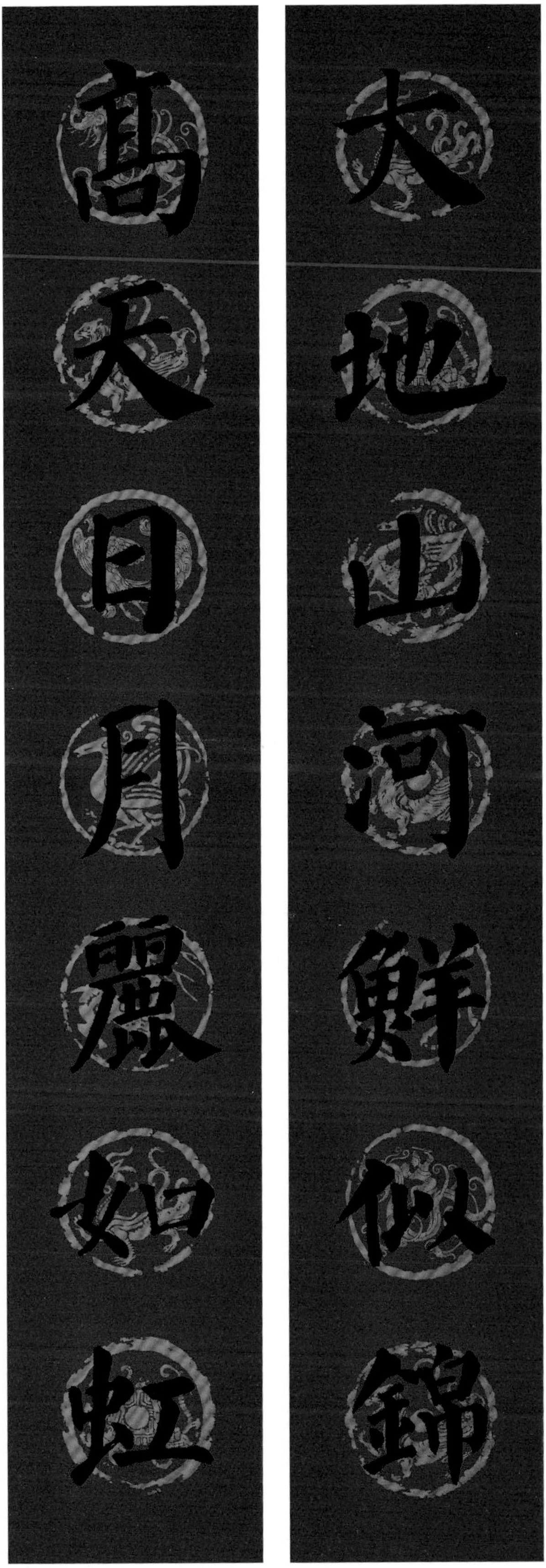
大地山河鮮似錦
高天日月麗如虹

大地山河鲜似锦
高天日月丽如虹

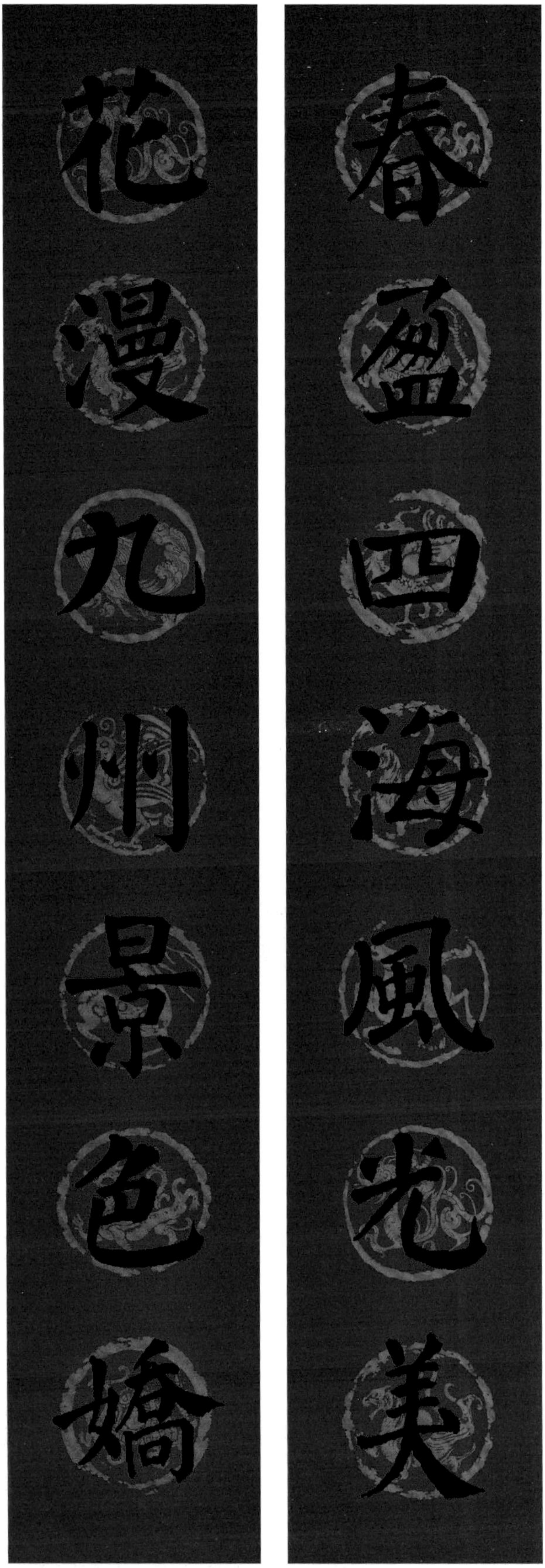

春盈四海风光美
花漫九州景色娇

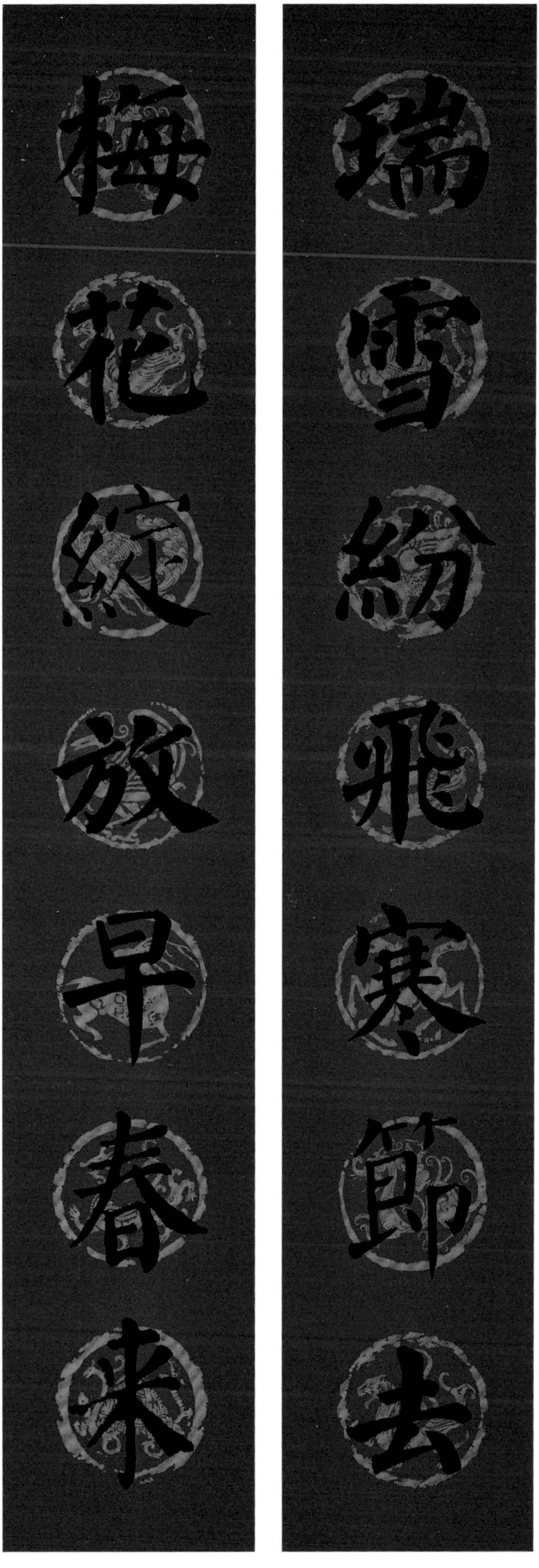

瑞雪纷飞寒节去
梅花绽放早春来

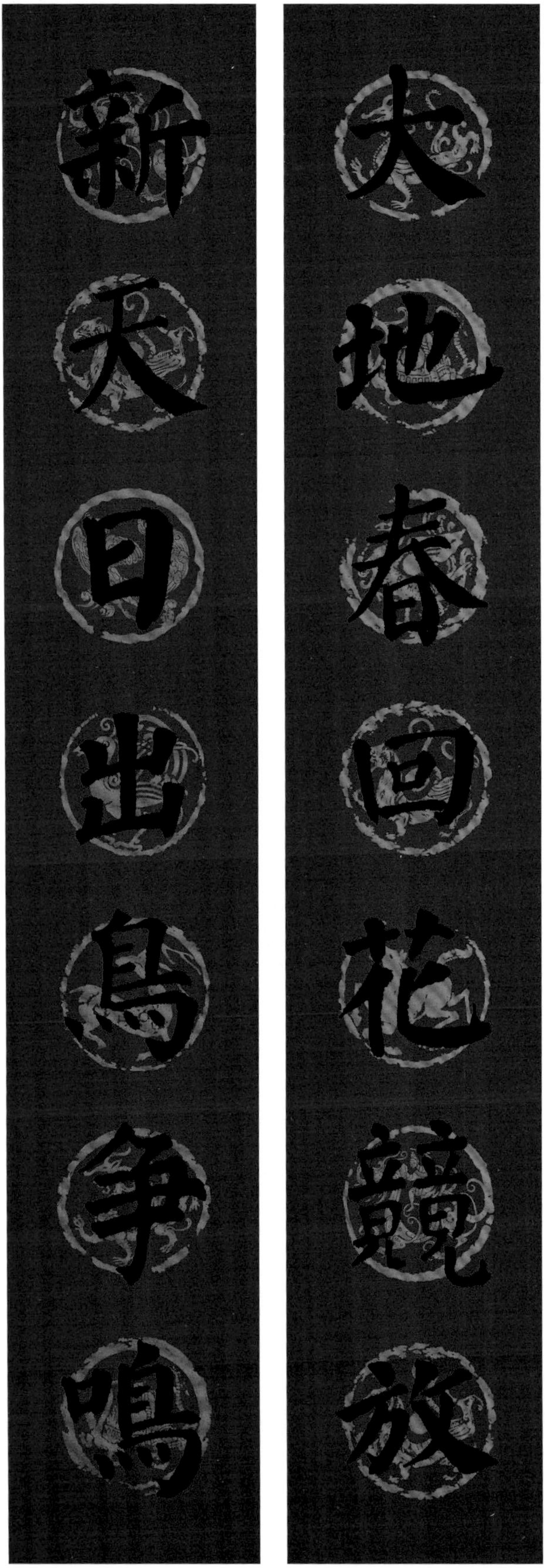

大地春回花竞放
新天日出鸟争鸣

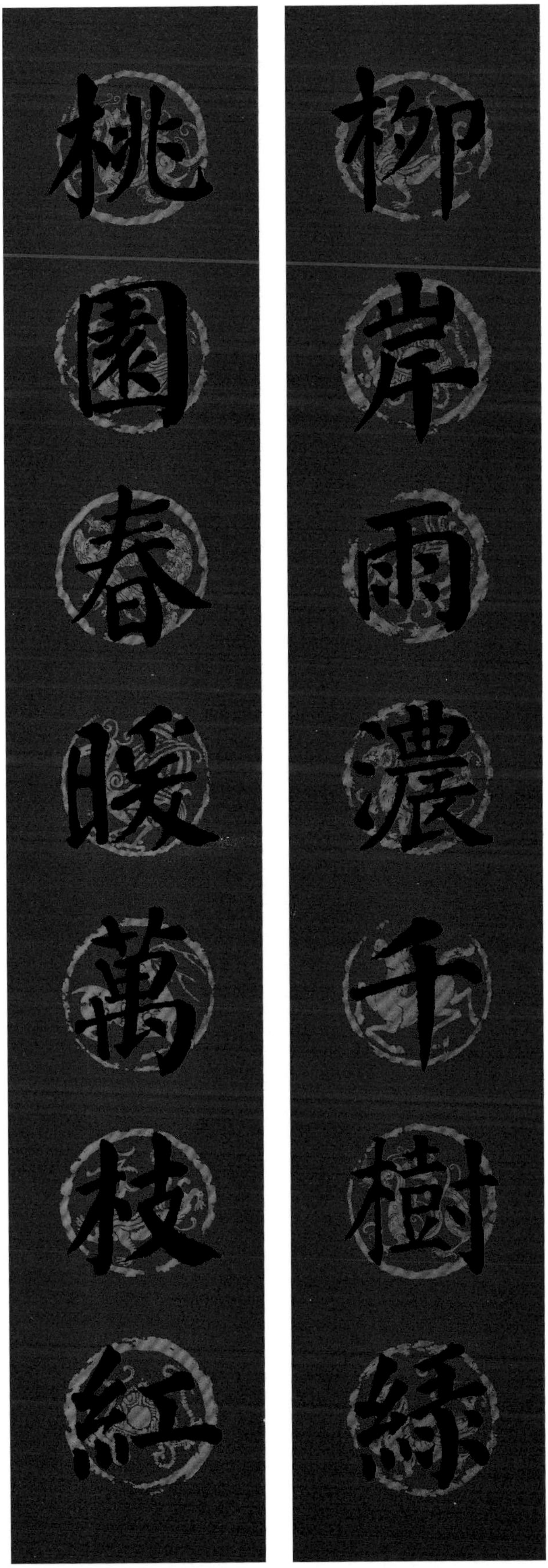

柳岸雨浓千树绿
桃园春暖万枝红

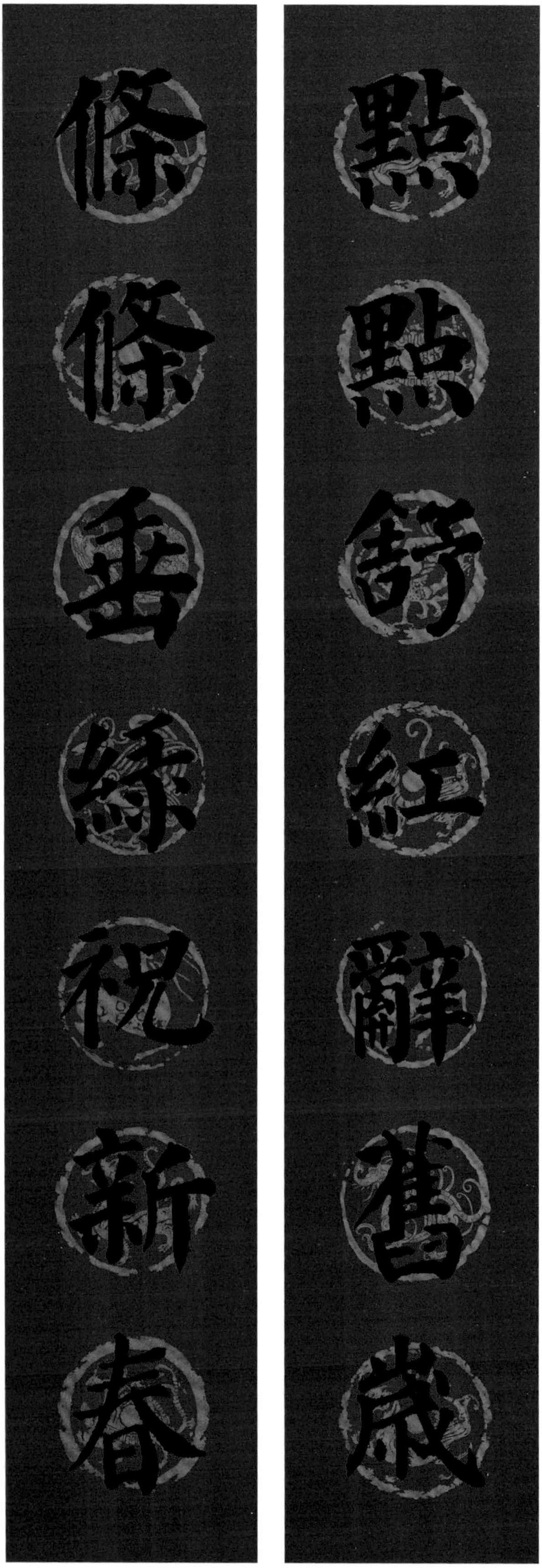

点点舒红辞旧岁
条条垂绿祝新春

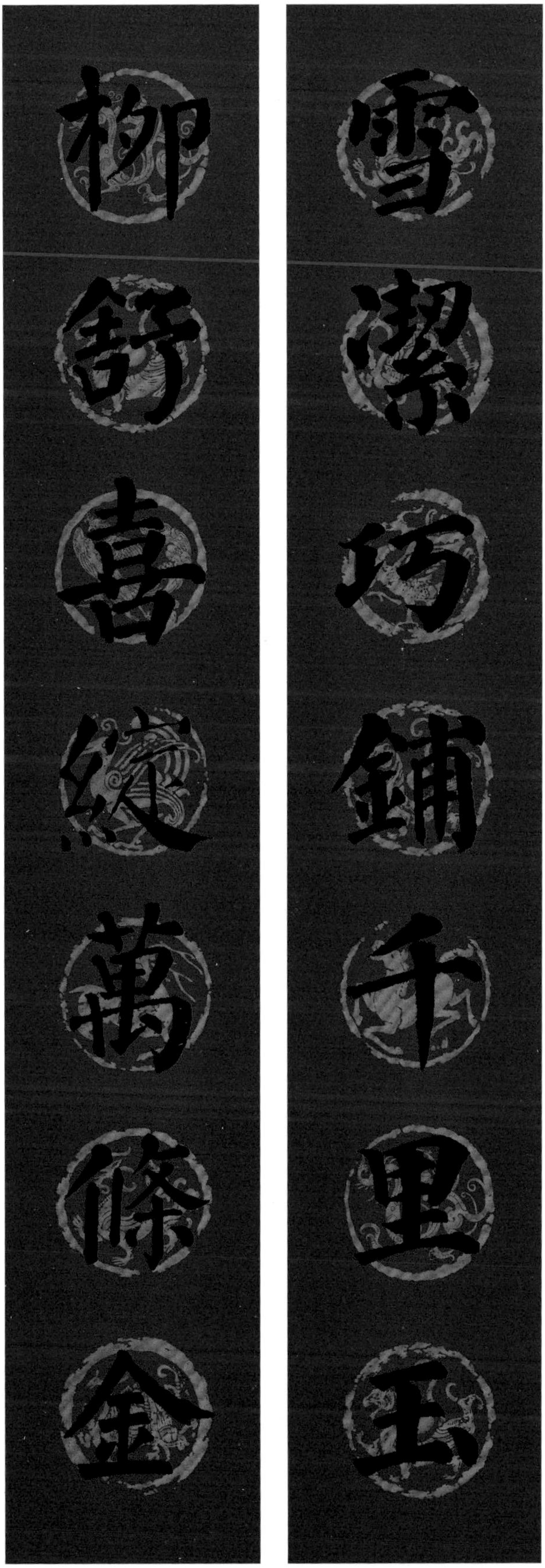

雪洁巧铺千里玉
柳舒喜绽万条金

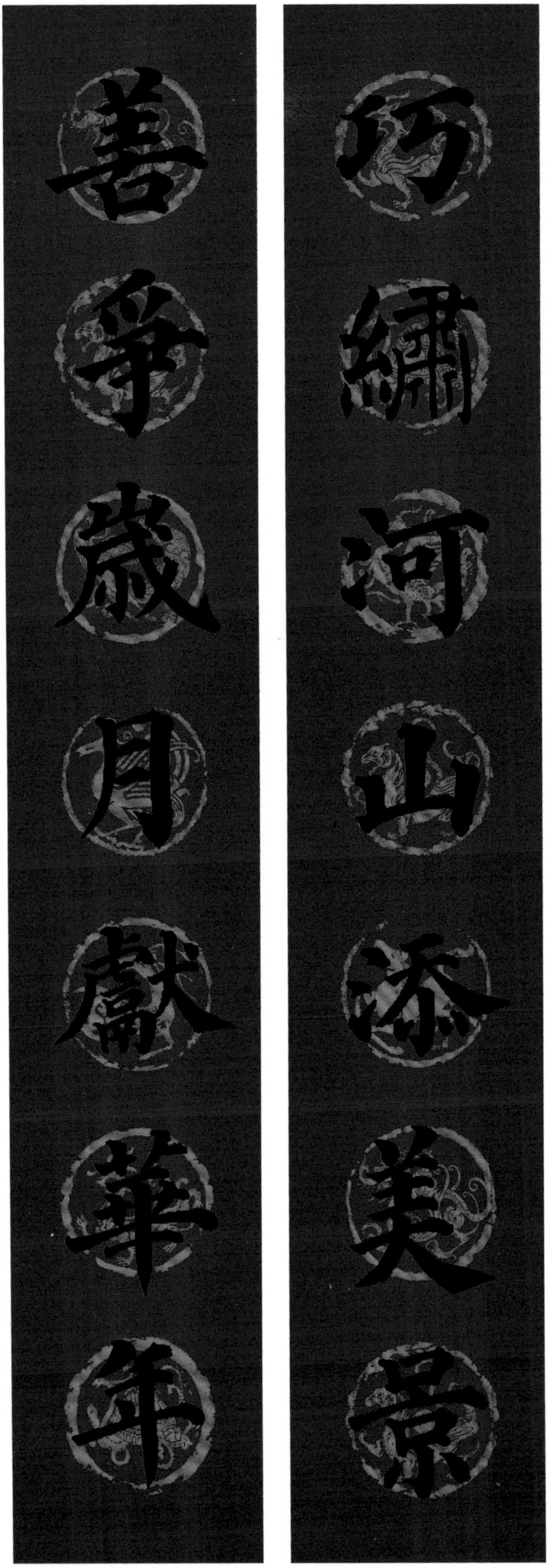

巧绣河山添美景
善争岁月献华年

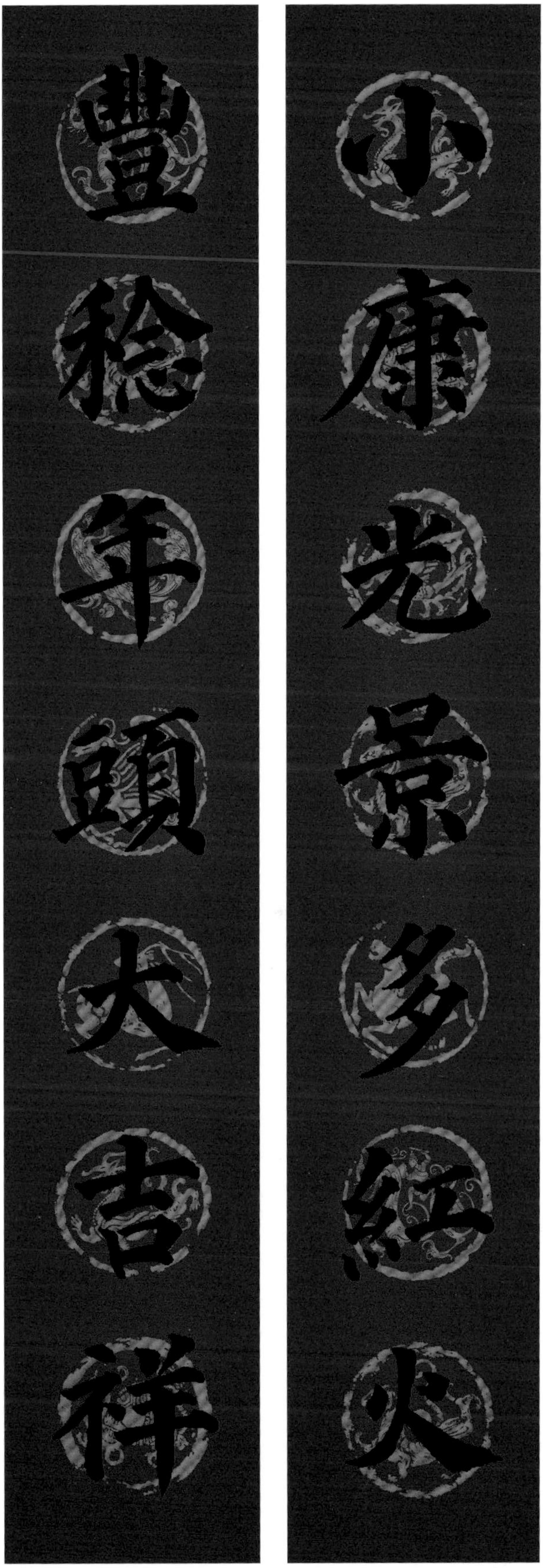

小康光景多红火
丰稔年头大吉祥

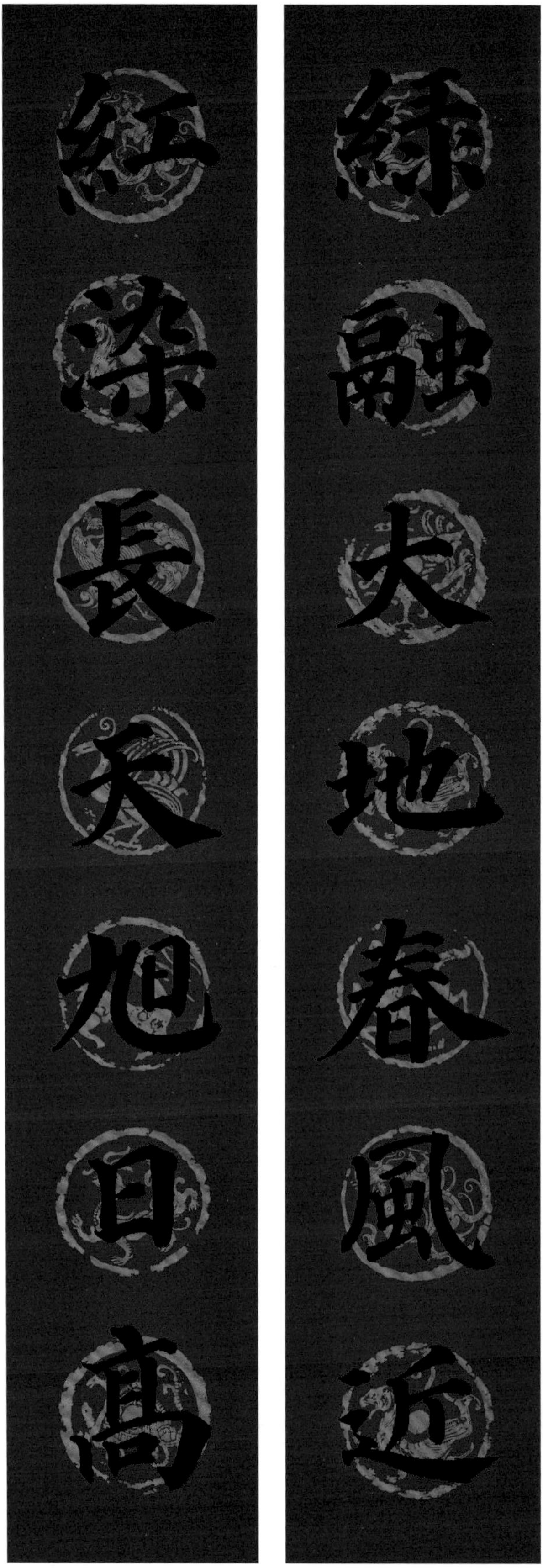

绿融大地春风近
红染长天旭日高

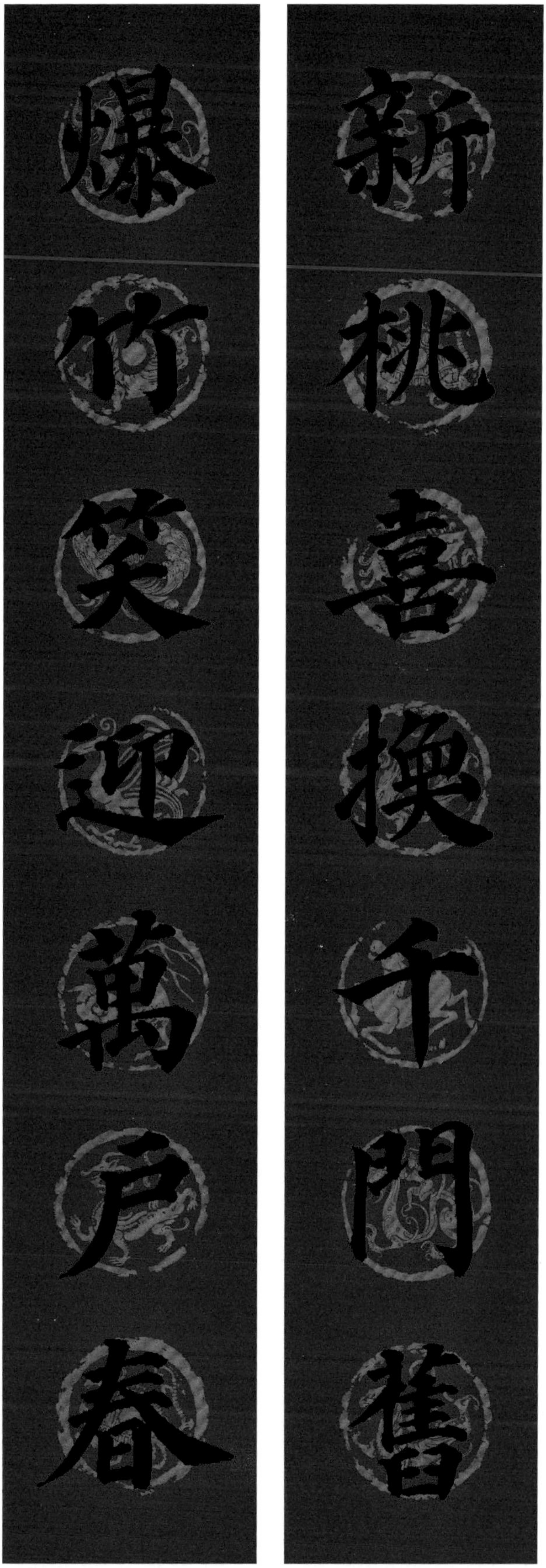

新桃喜换千门旧
爆竹笑迎万户春

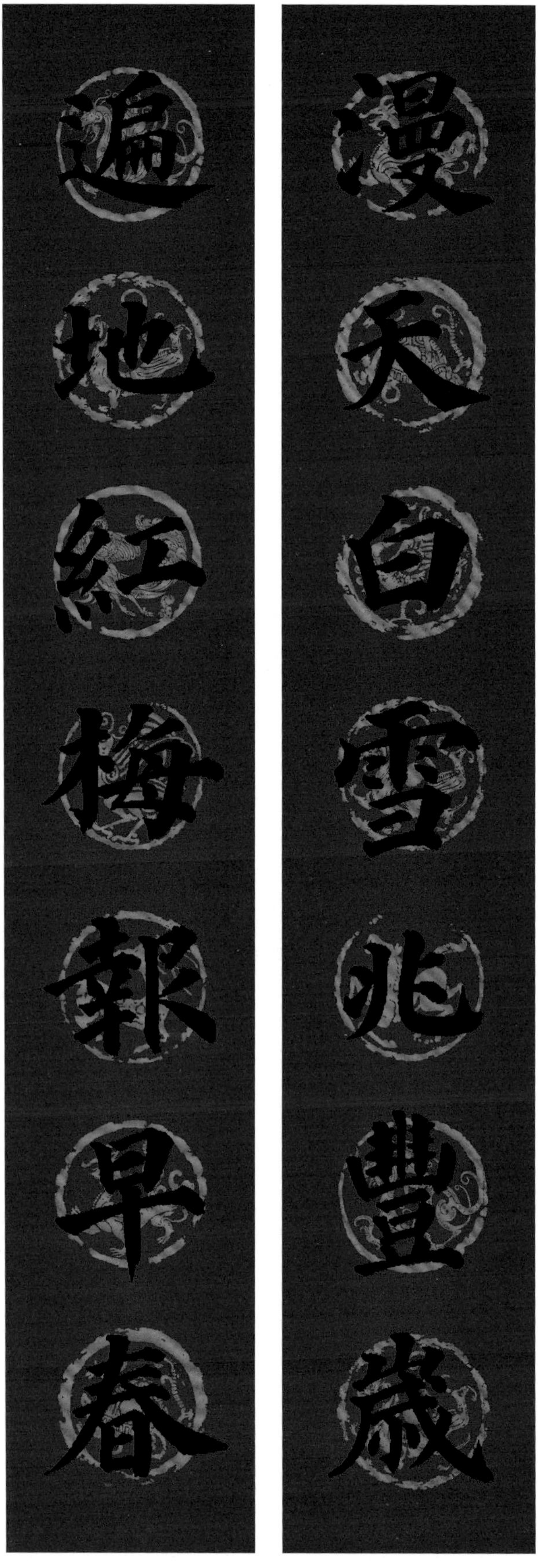

漫天白雪兆丰岁
遍地红梅报早春

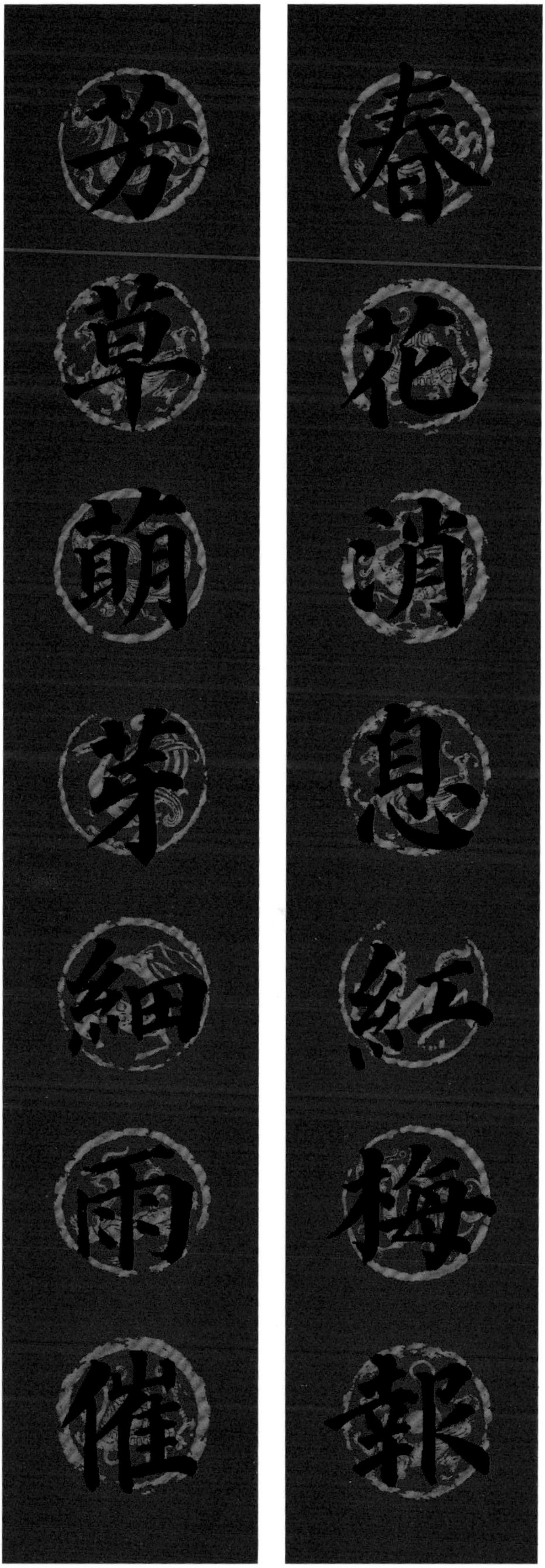

春花消息红梅报
芳草萌芽细雨催

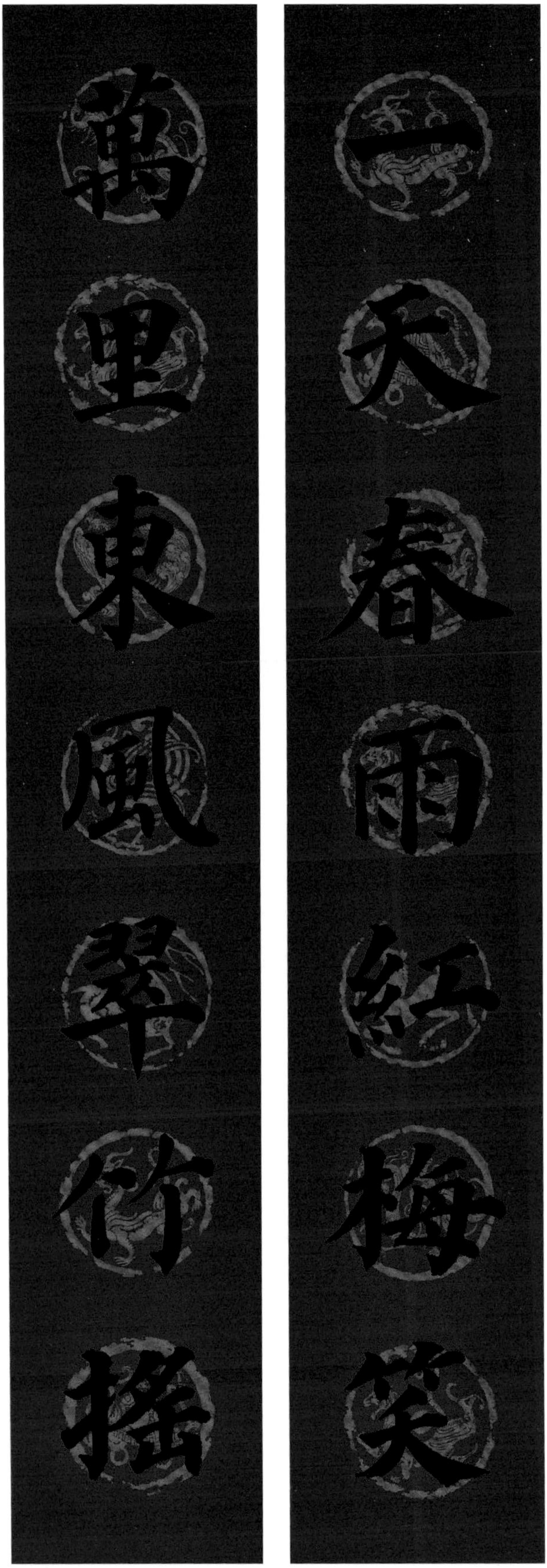

一天春雨红梅笑
万里东风翠竹摇

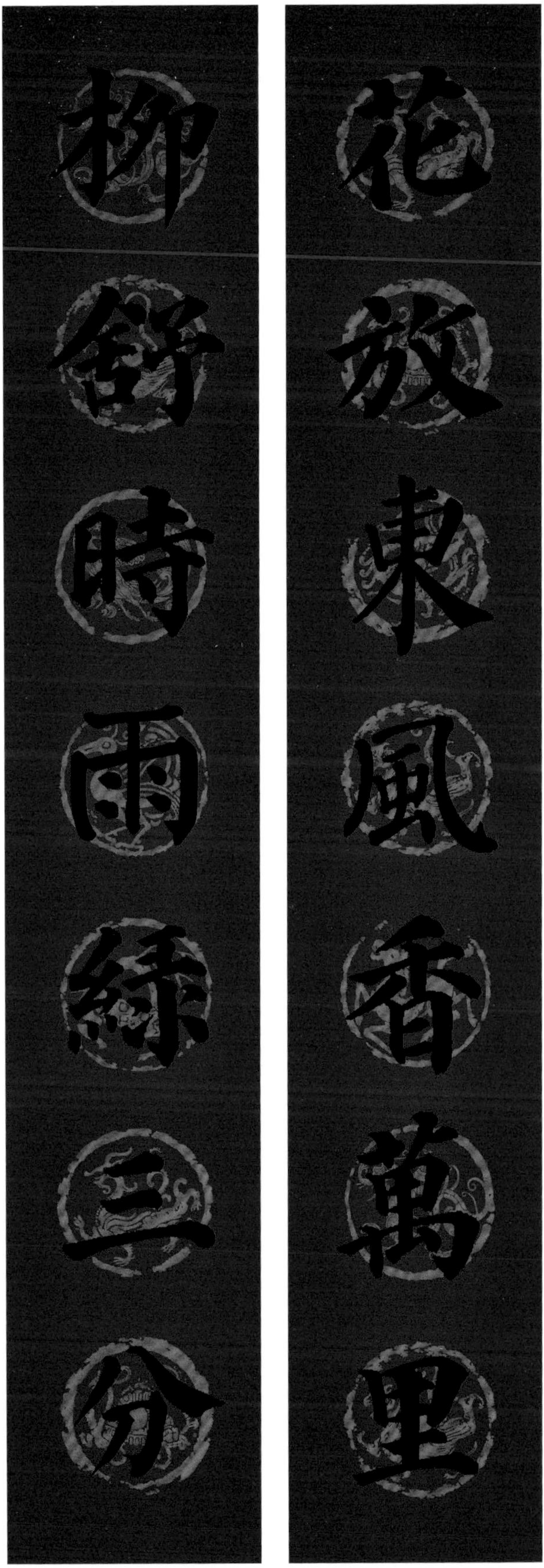

花放东风香万里
柳舒时雨绿三分

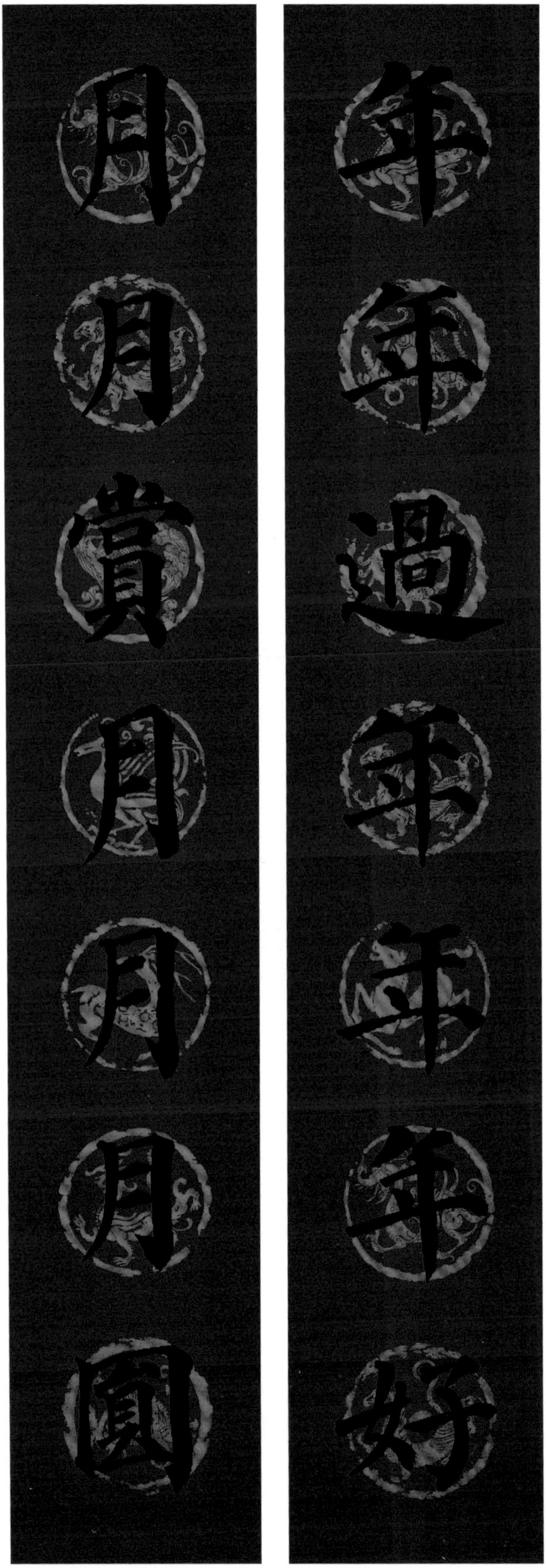

年年过年年年好
月月赏月月月圆

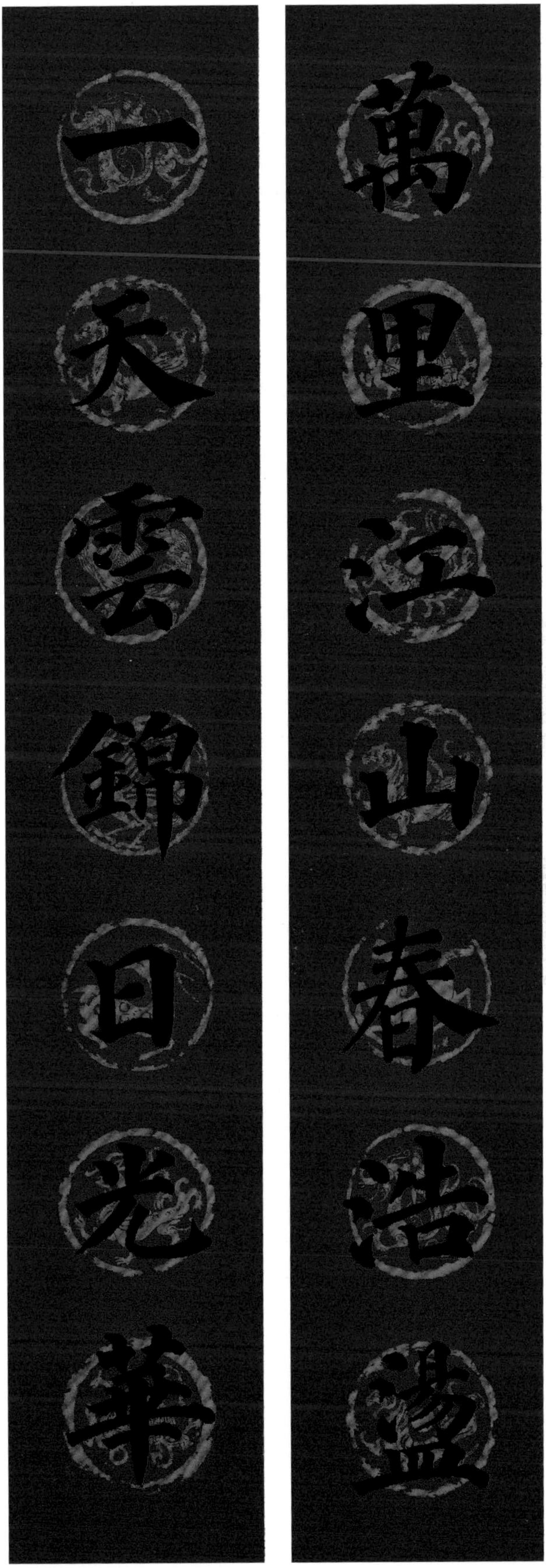

万里江山春浩荡
一天云锦日光华

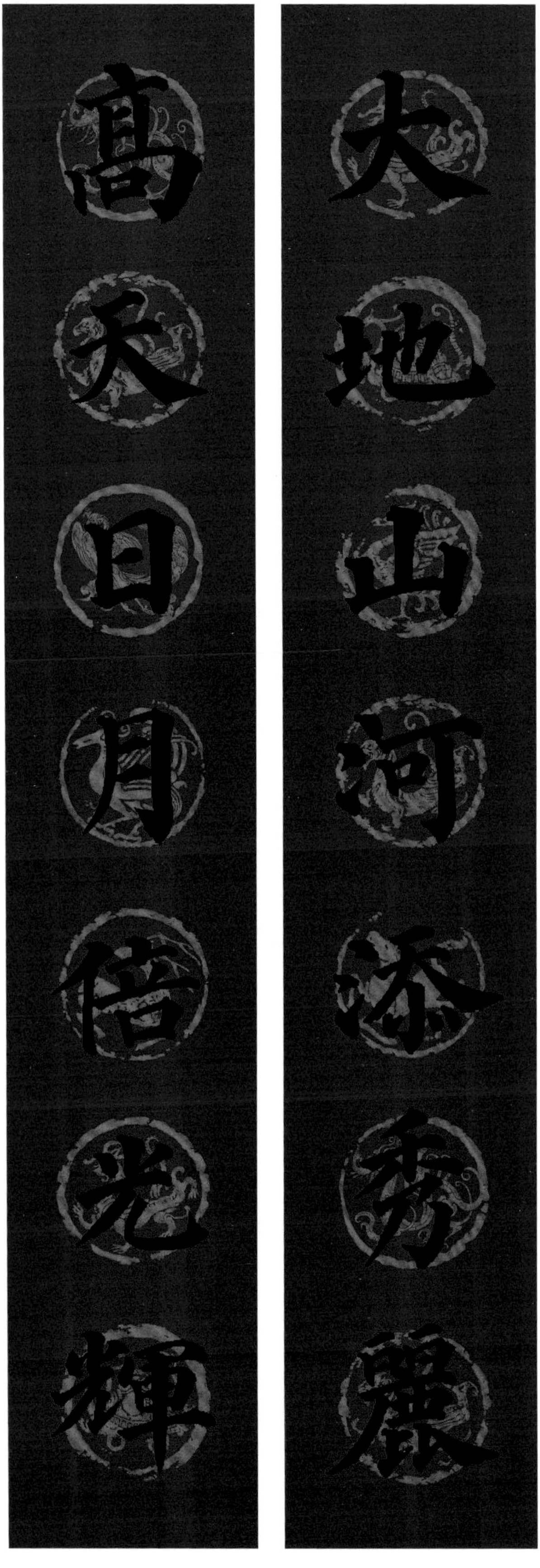

大地山河添秀丽
高天日月倍光辉

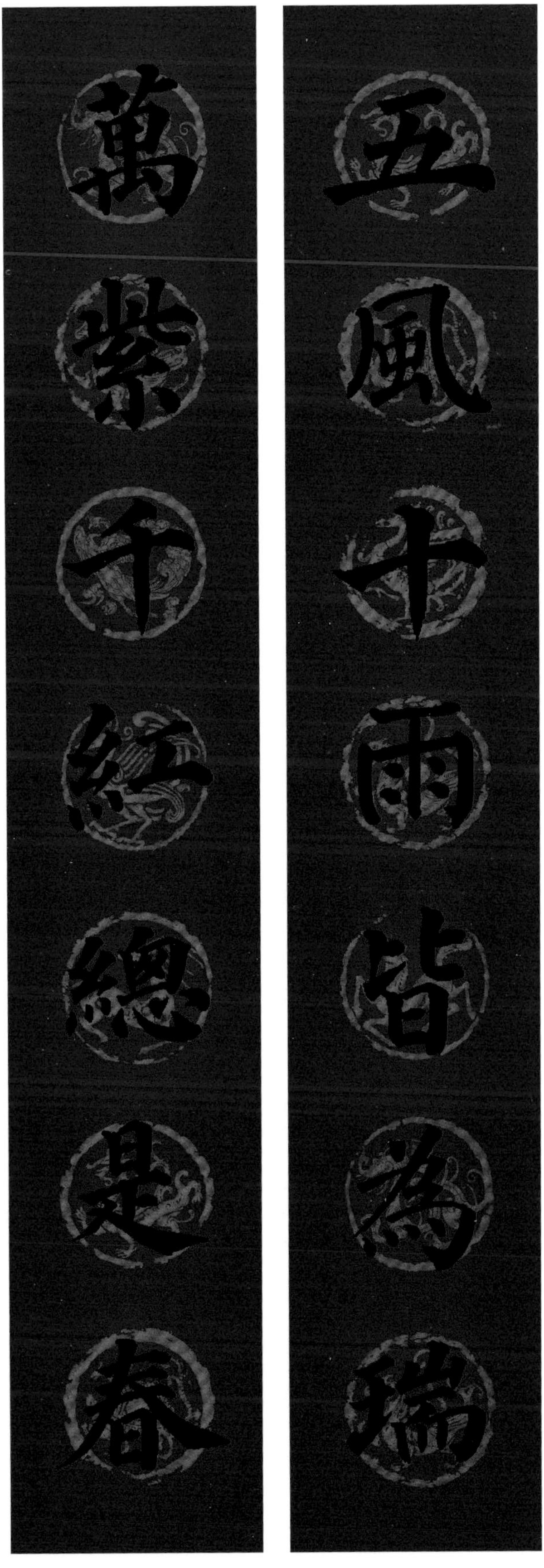

五风十雨皆为瑞
万紫千红总是春

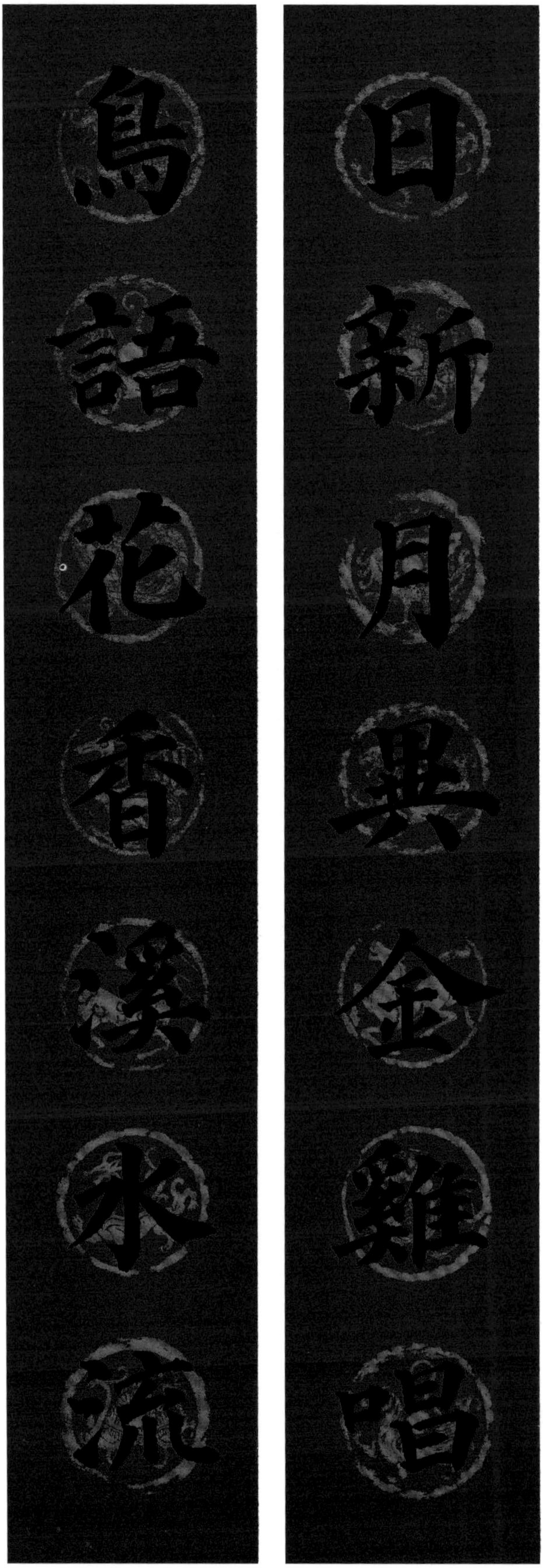

日新月异金鸡唱
鸟语花香溪水流

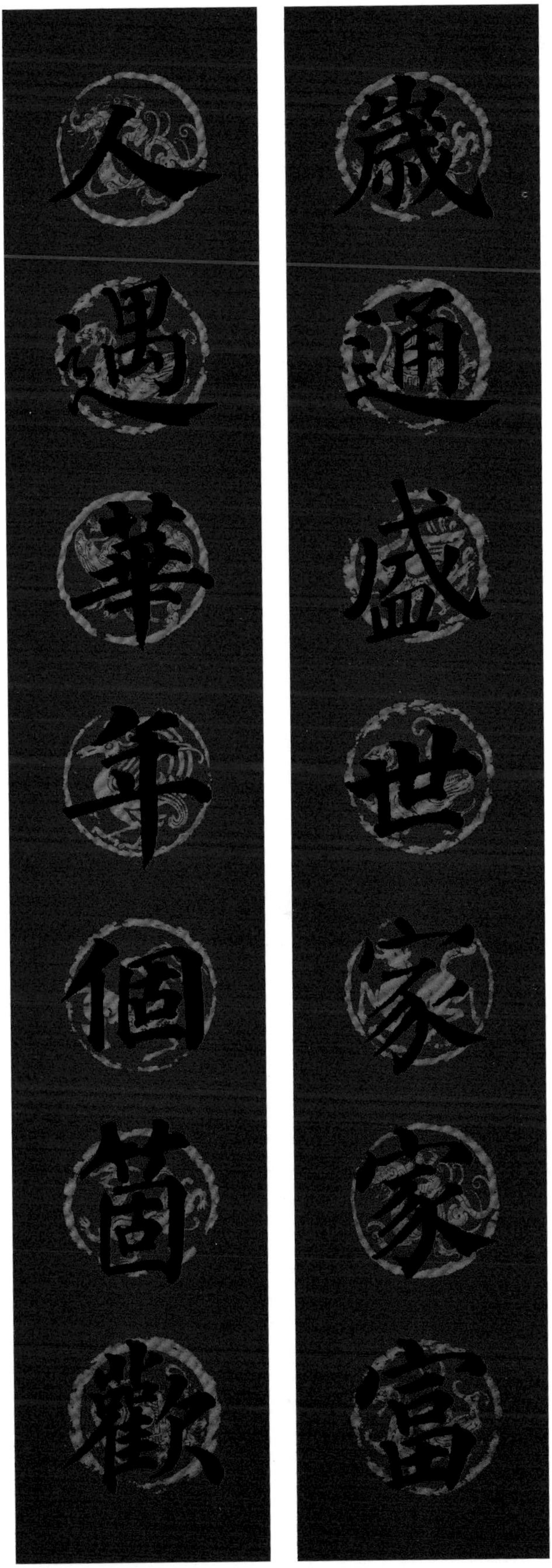

岁通盛世家家富
人遇华年个个欢

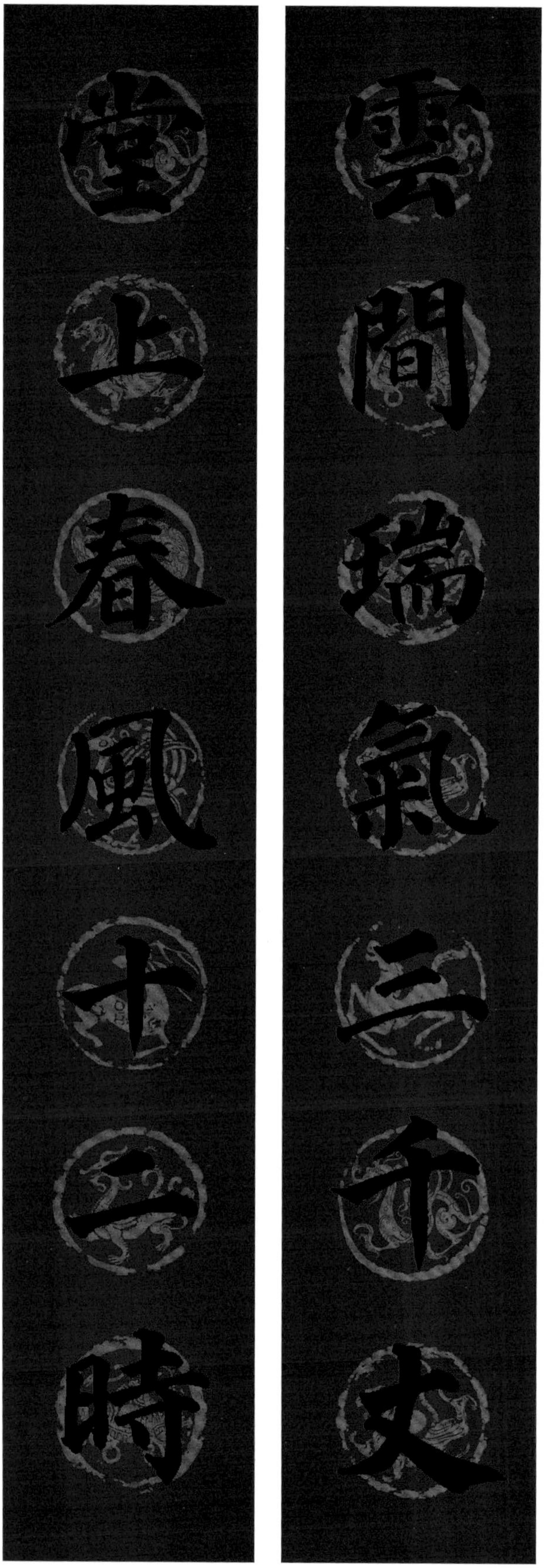

云间瑞气三千丈
堂上春风十二时

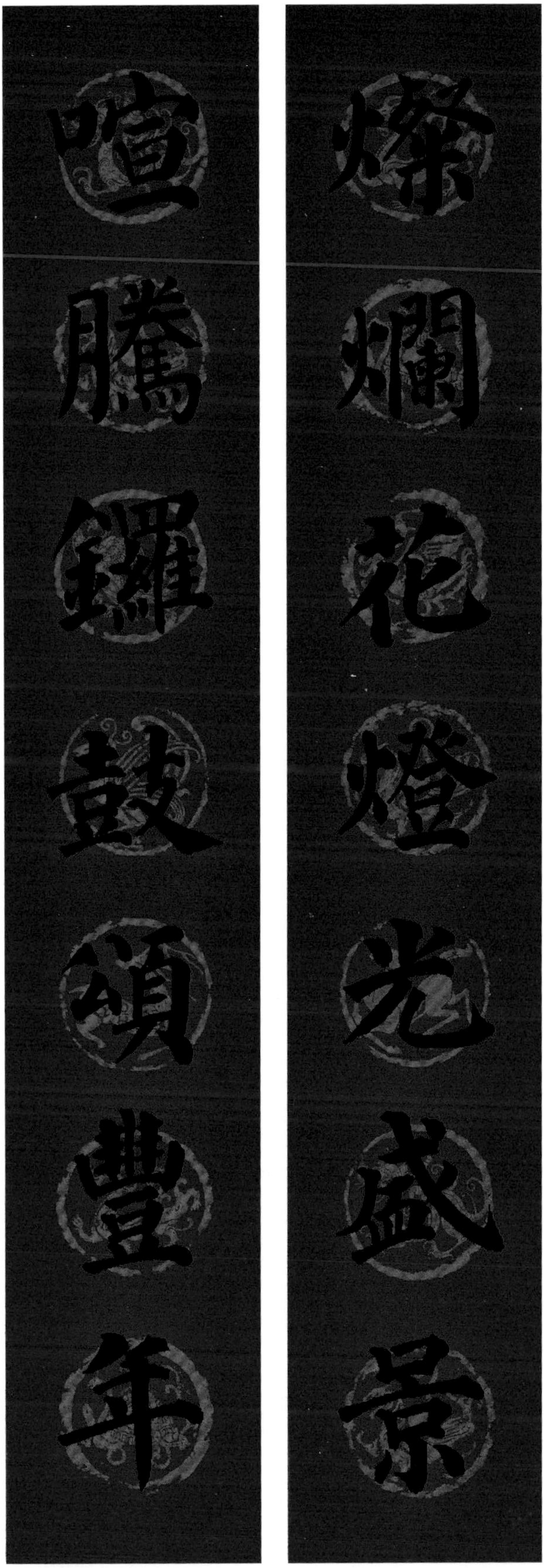

灿烂花灯光盛景
喧腾锣鼓颂丰年

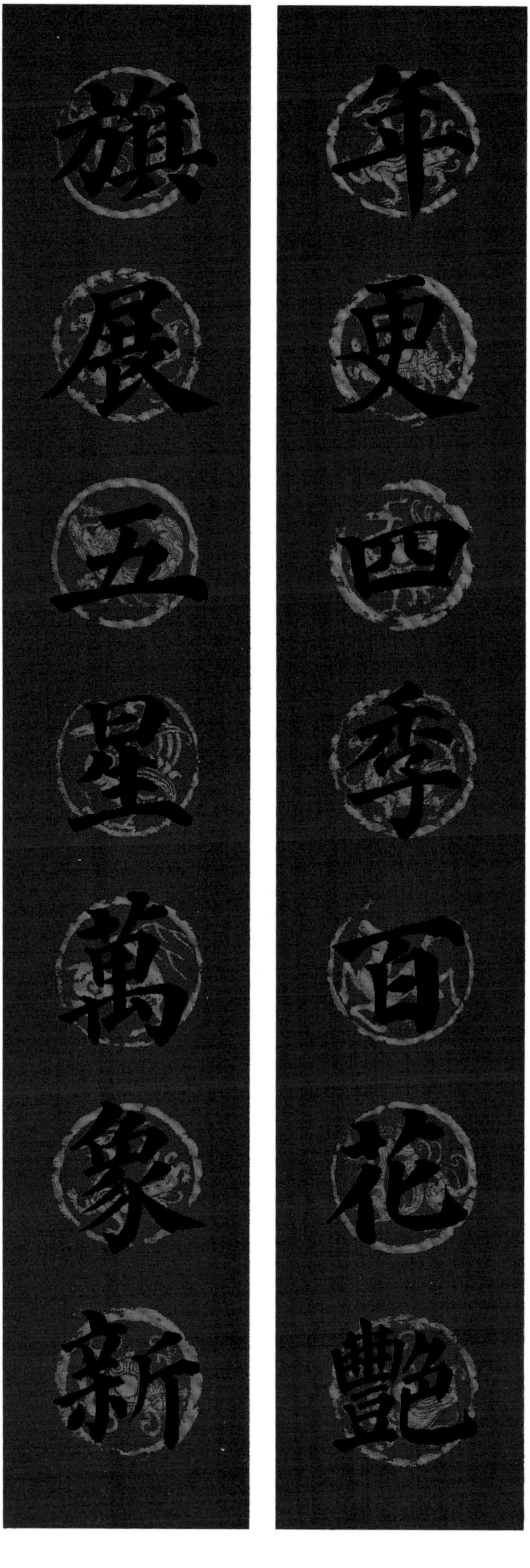

年更四季百花艳
旗展五星万象新

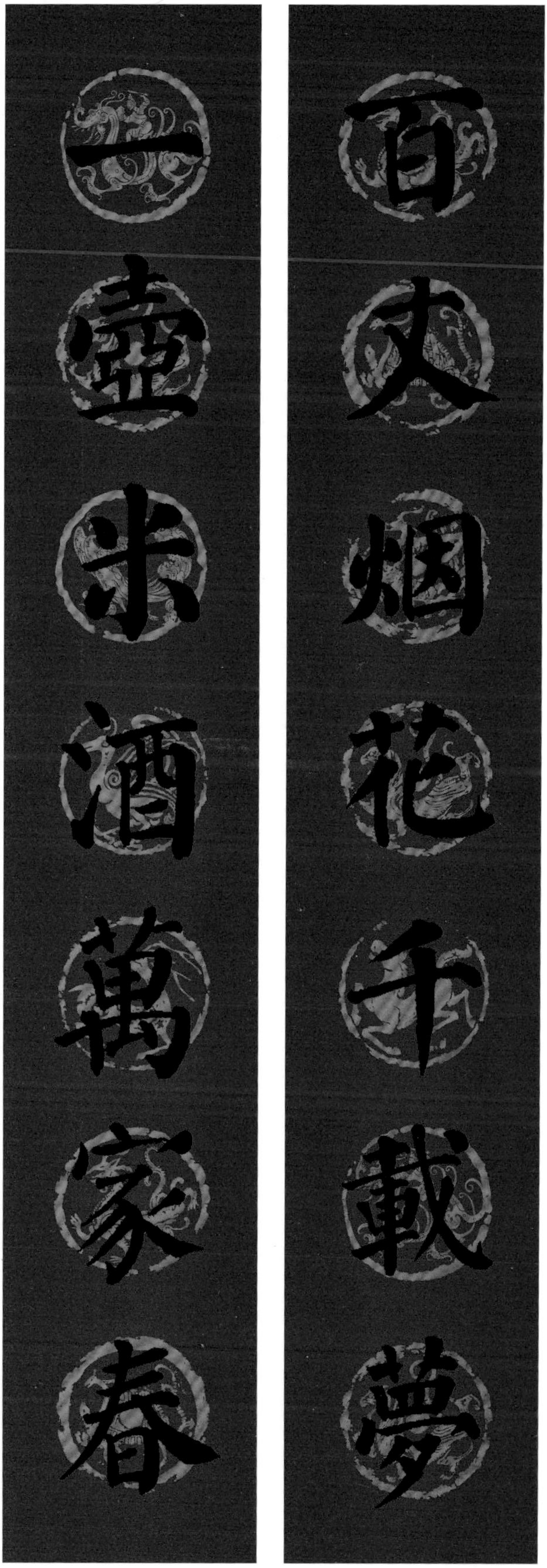

百丈烟花千载梦
一壶米酒万家春

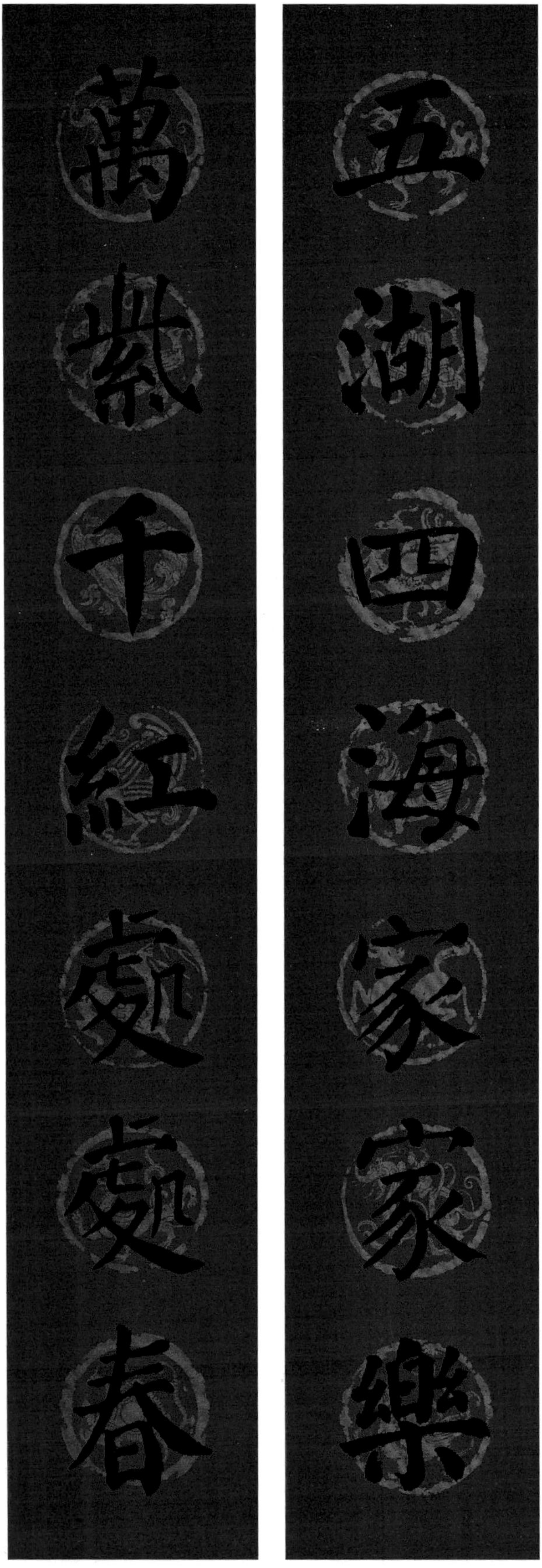

五湖四海家家乐
万紫千红处处春

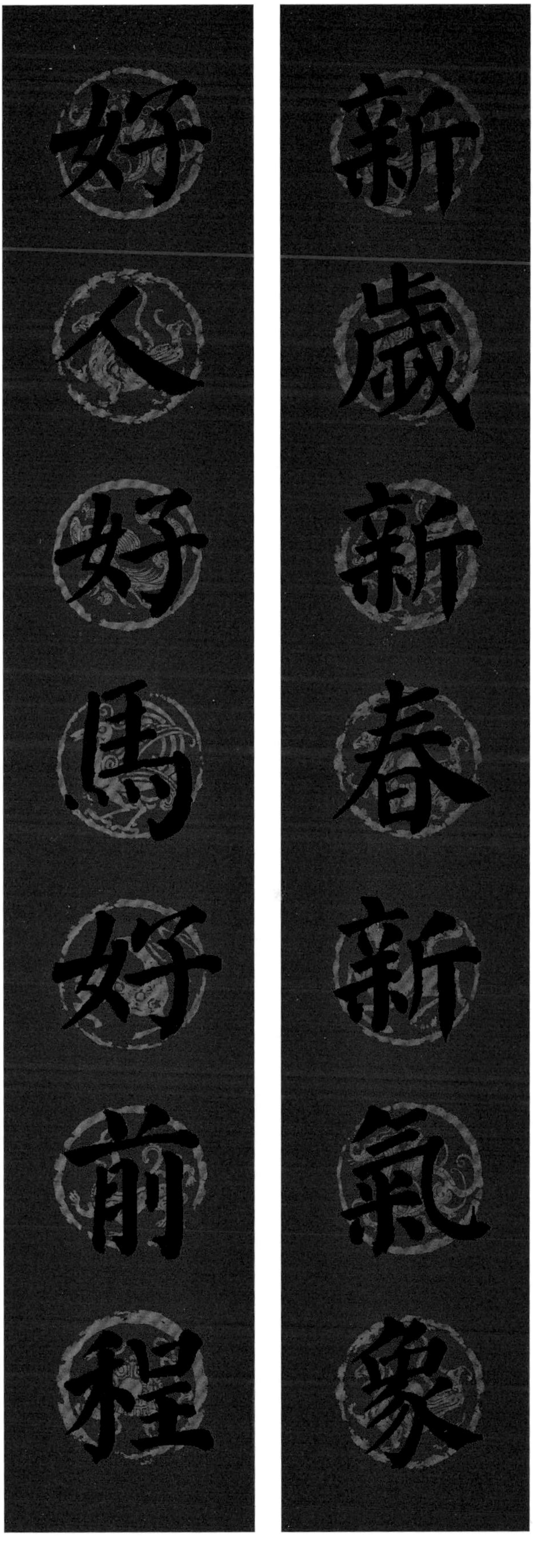

新岁新春新气象
好人好马好前程

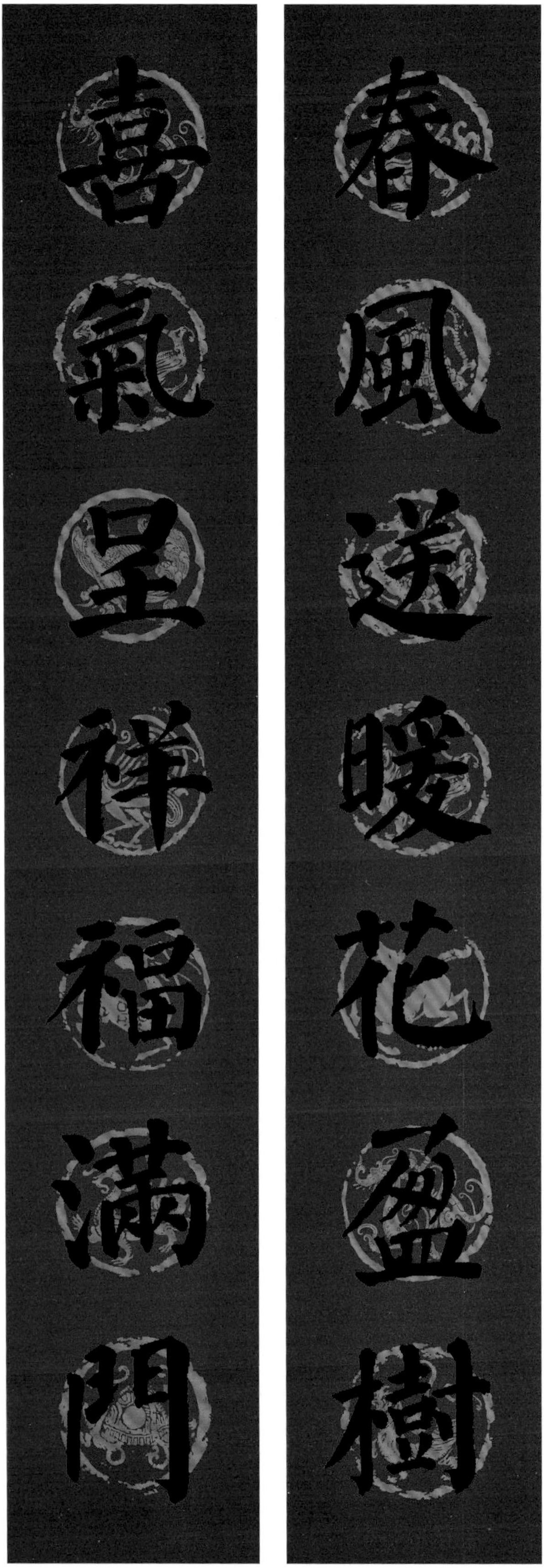

春风送暖花盈树
喜气呈祥福满门

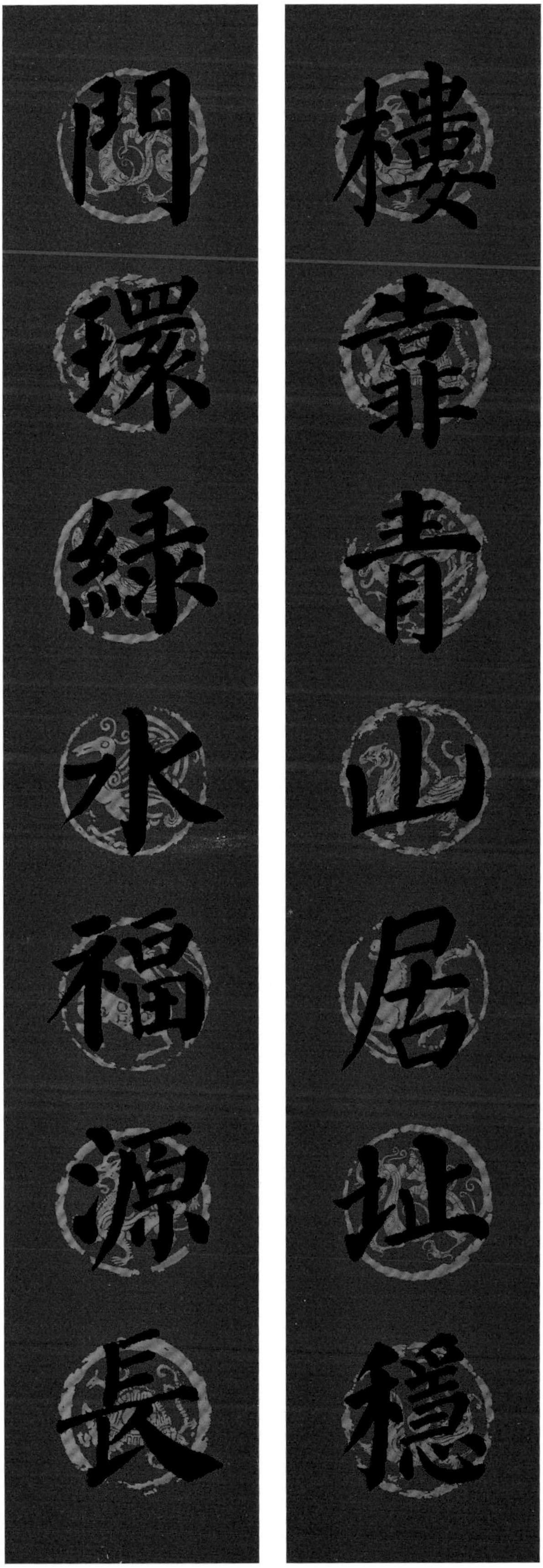

楼靠青山居址稳
门环绿水福源长

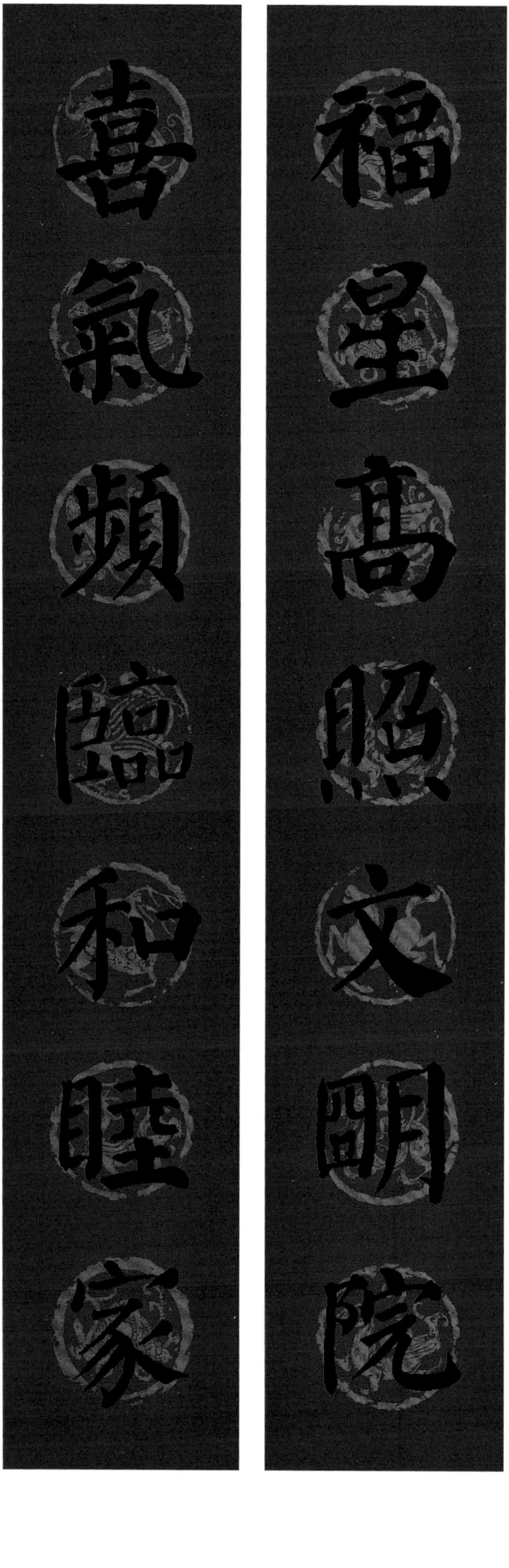

福星高照文明院
喜气频临和睦家

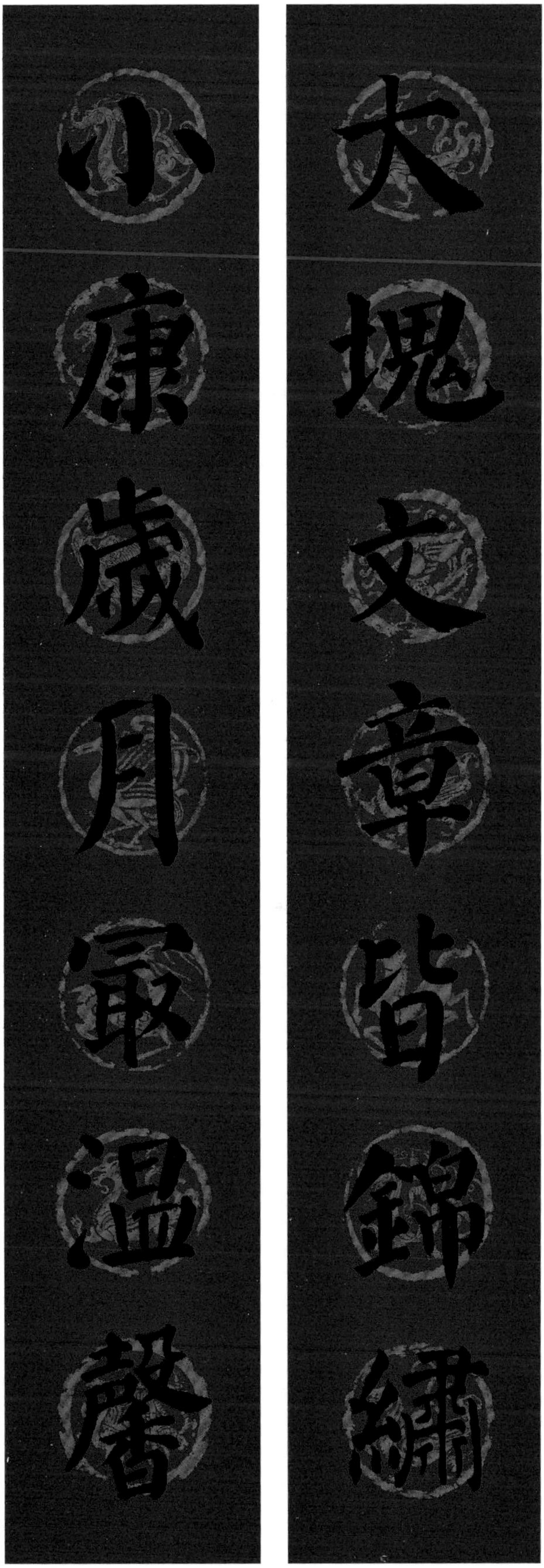

大块文章皆锦绣
小康岁月最温馨

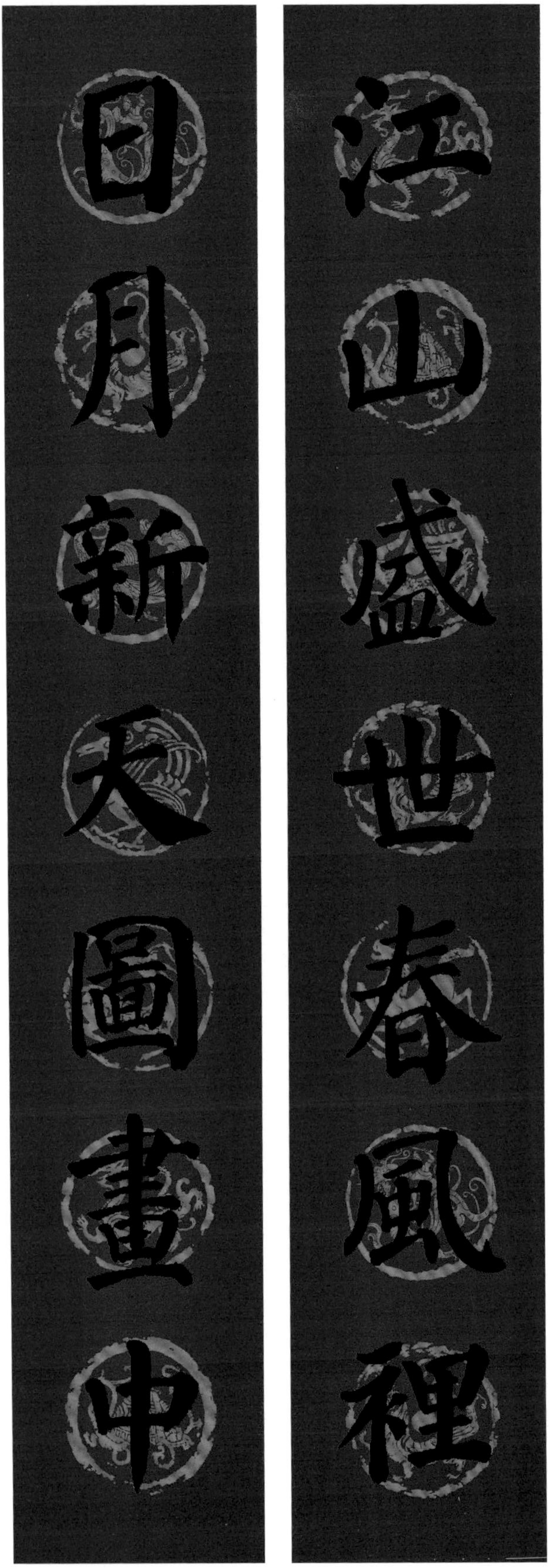

江山盛世春风里
日月新天图画中

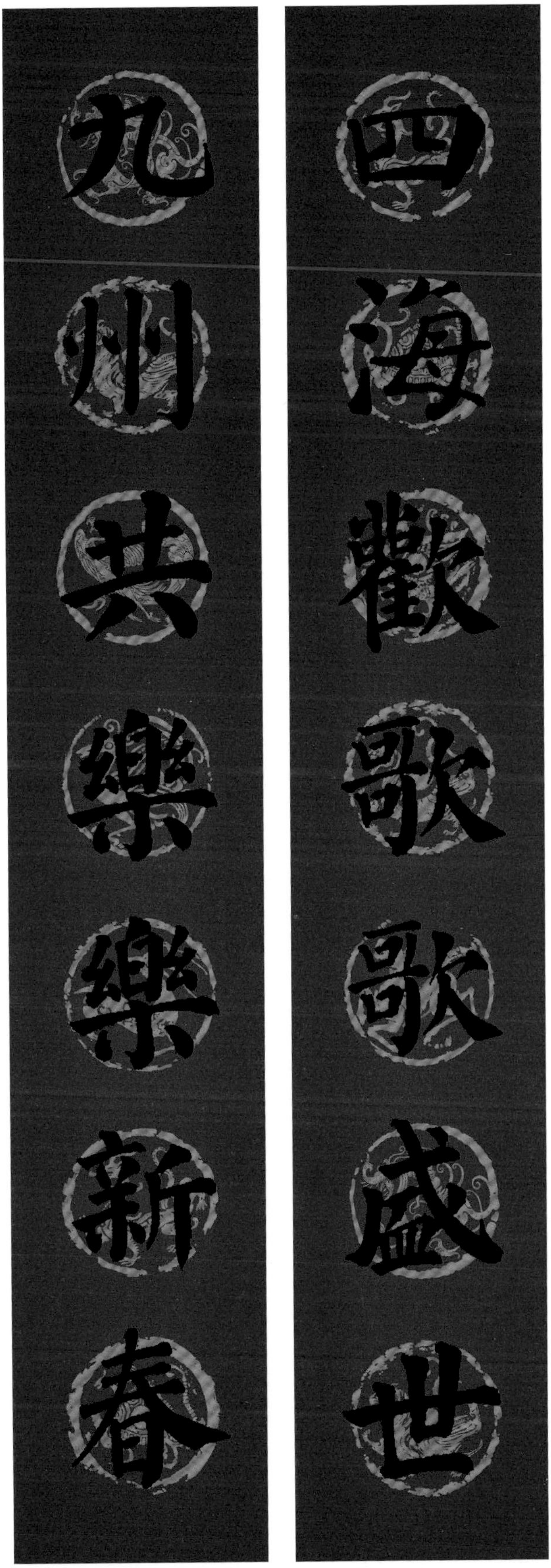
四海歡歌歌盛世
九州共樂樂新春

四海欢歌歌盛世
九州共乐乐新春

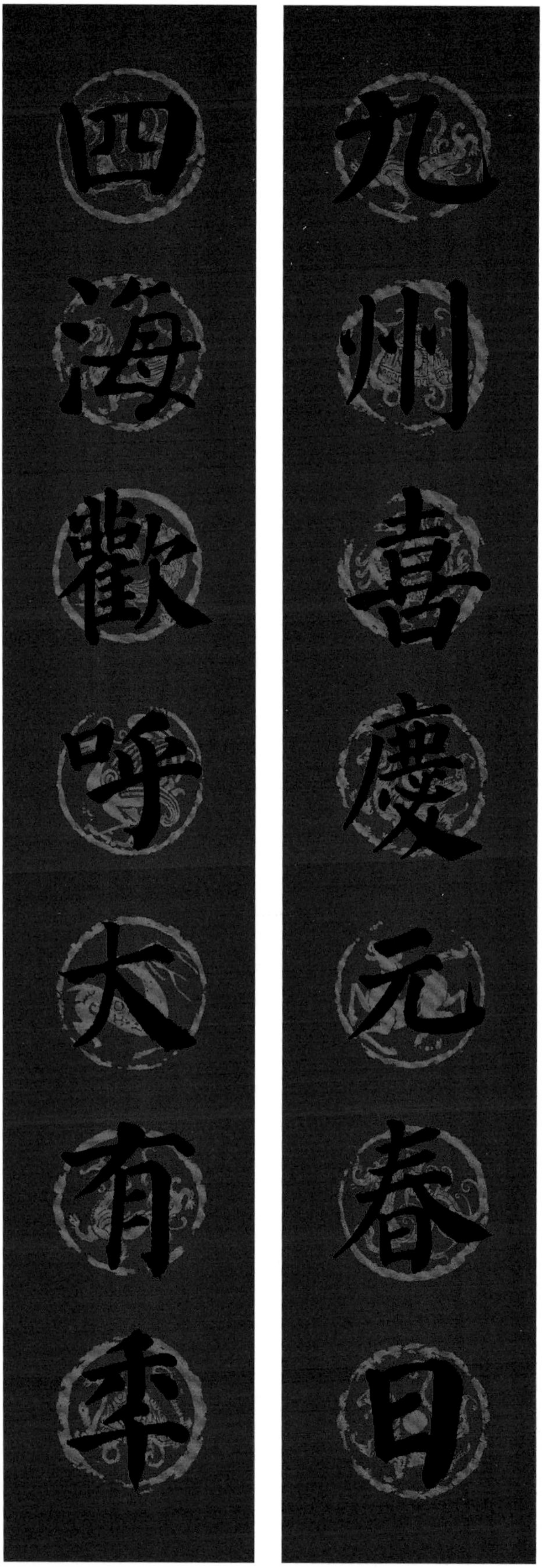

九州喜庆元春日
四海欢呼大有年

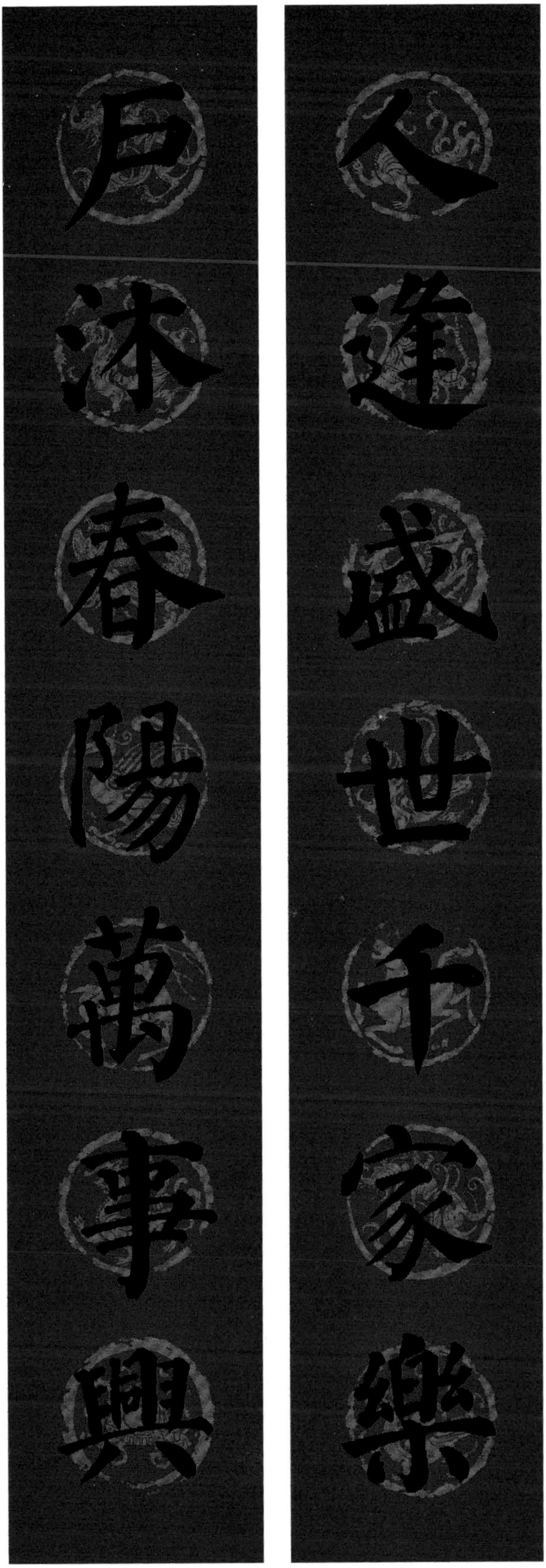

人逢盛世千家乐
户沐春阳万事兴

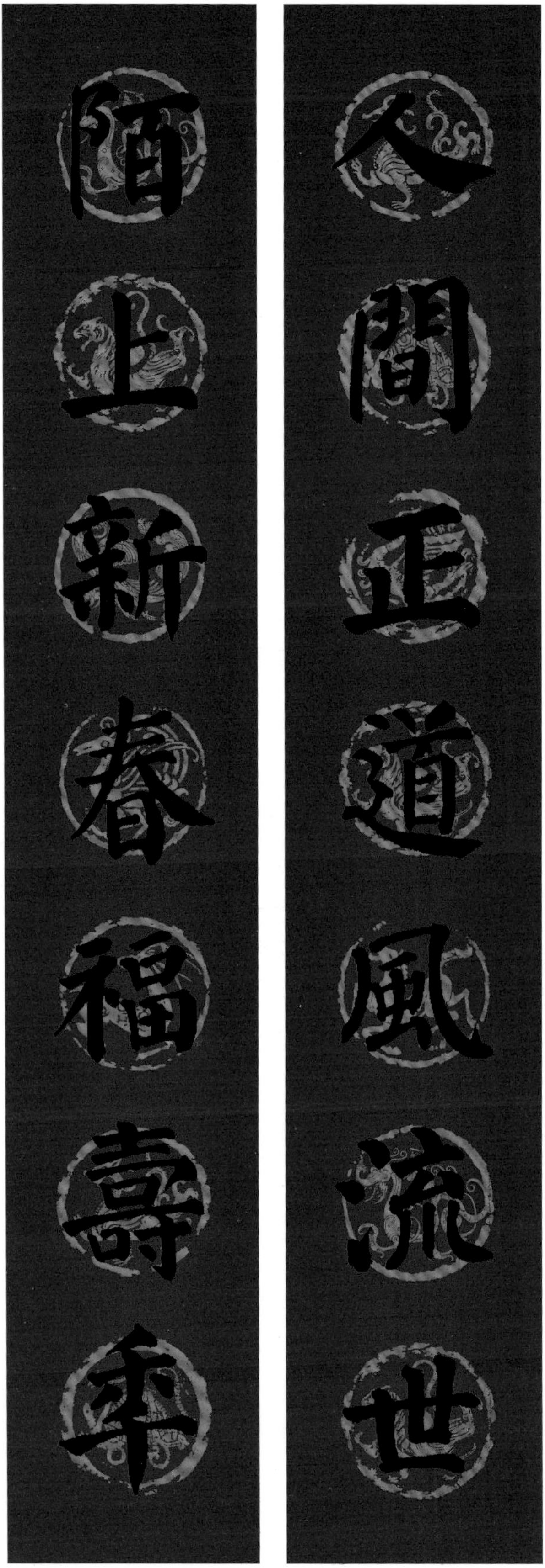
人間正道風流世
陌上新春福壽年

人间正道风流世
陌上新春福寿年

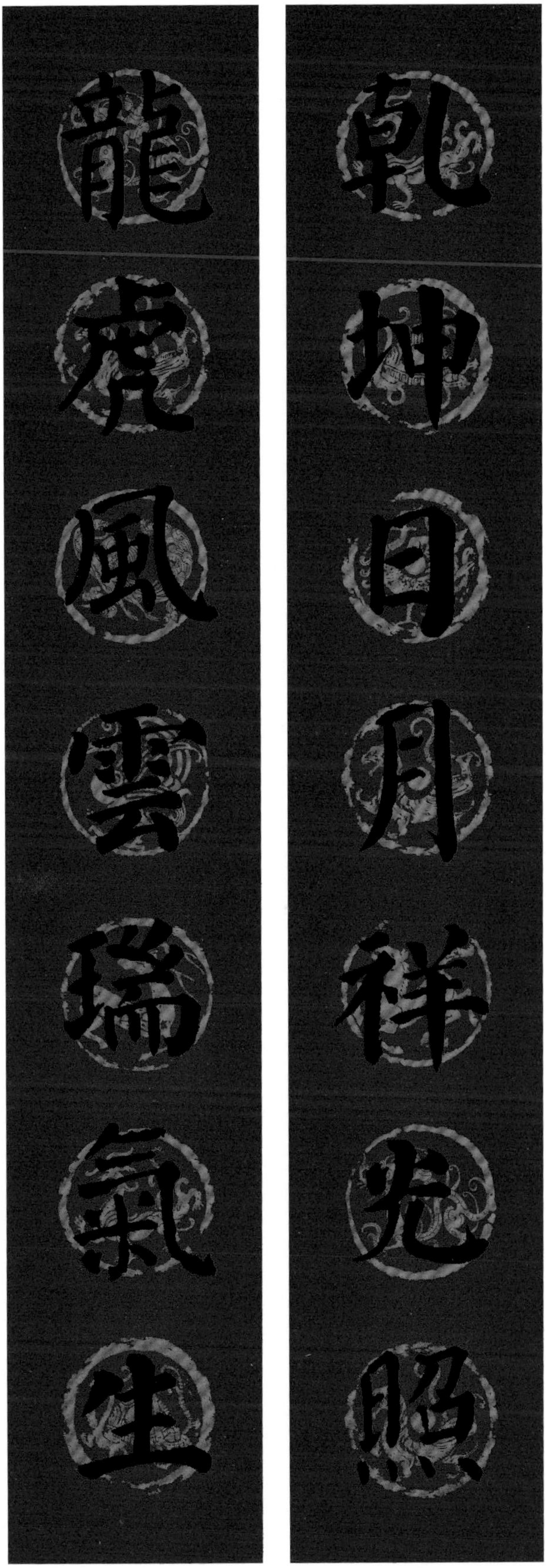

乾坤日月祥光照

龙虎风云瑞气生

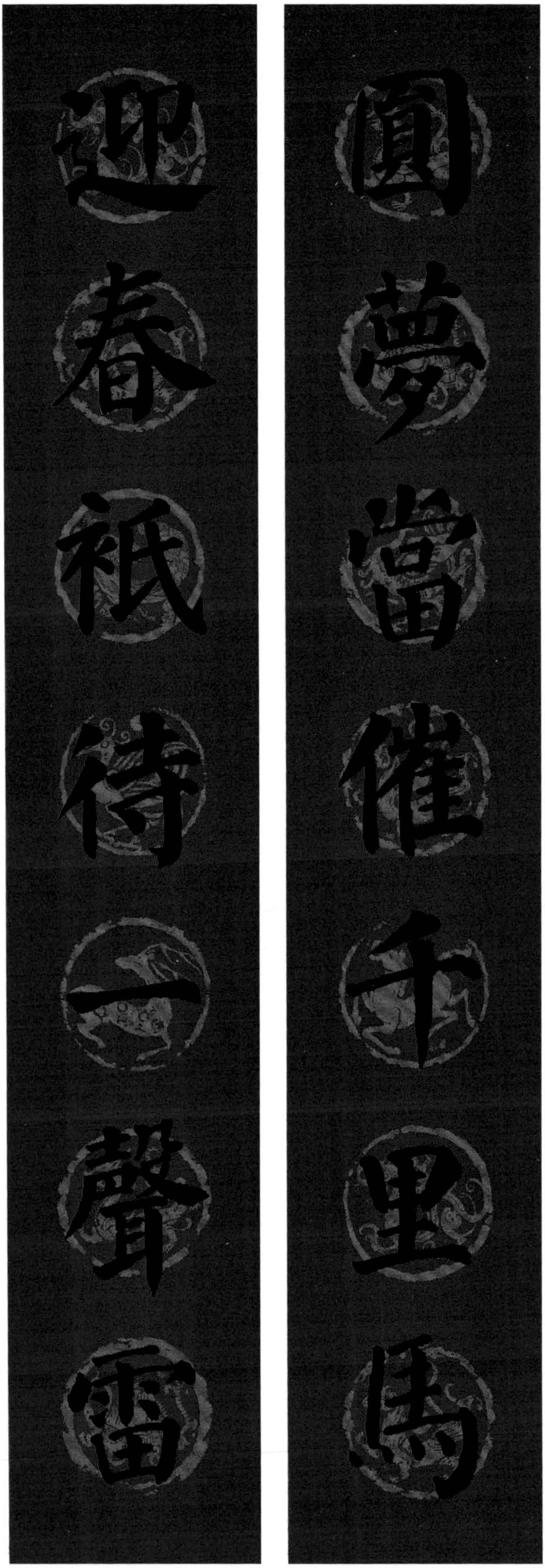

圆梦当催千里马
迎春只待一声雷

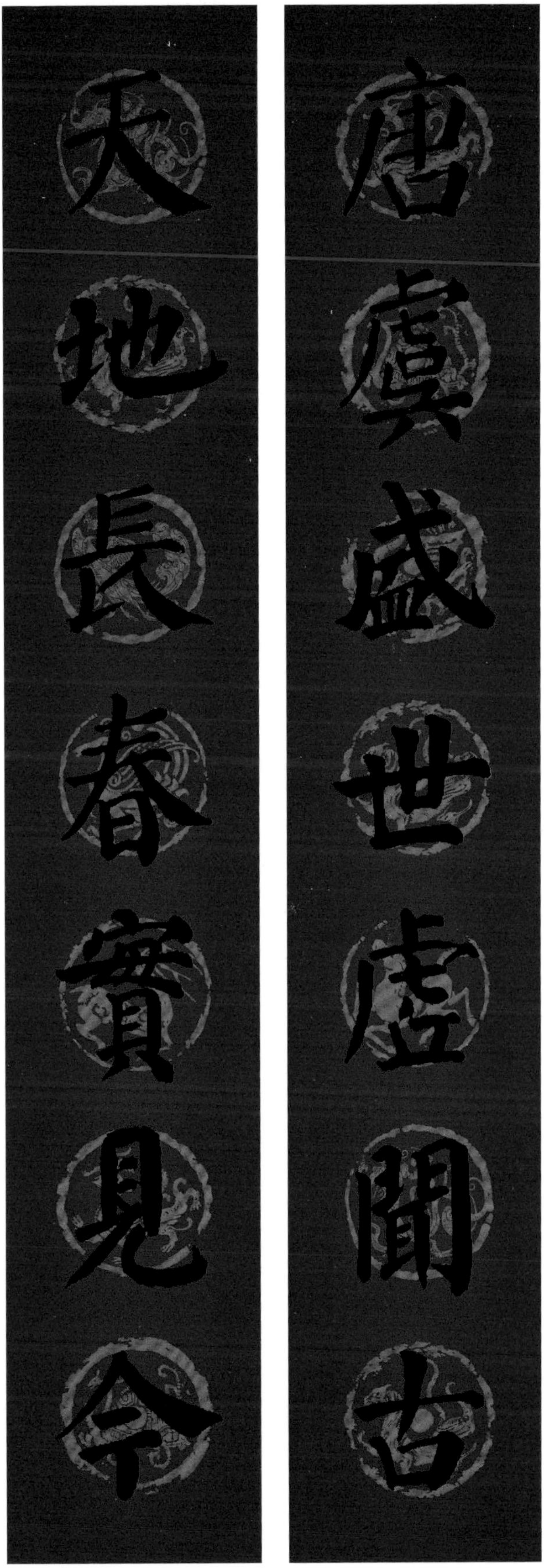

唐虞盛世虚闻古
天地长春实见今

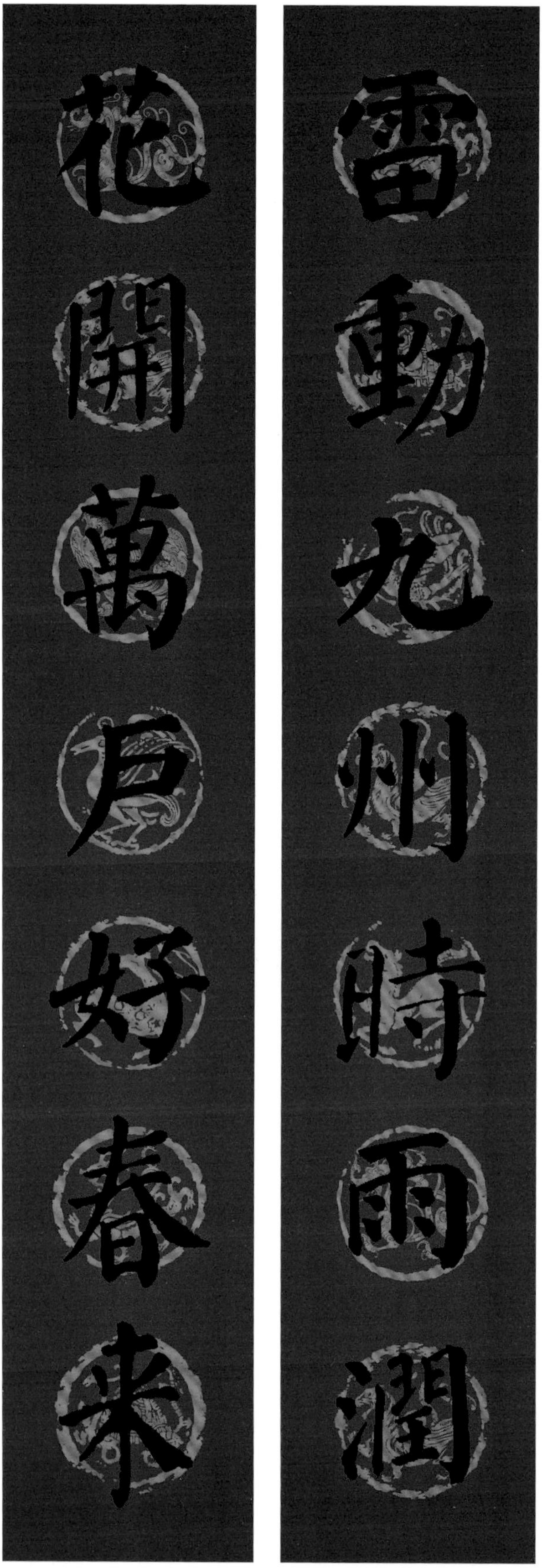

雷动九州时雨润
花开万户好春来

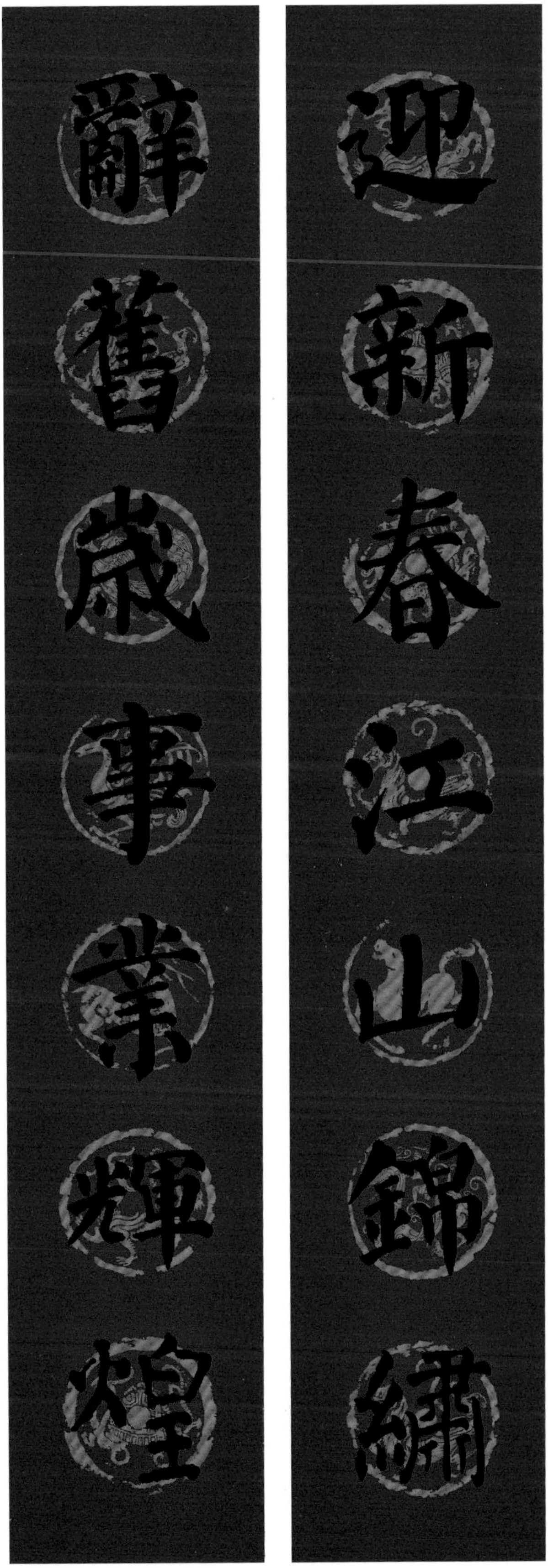

迎新春江山锦绣
辞旧岁事业辉煌

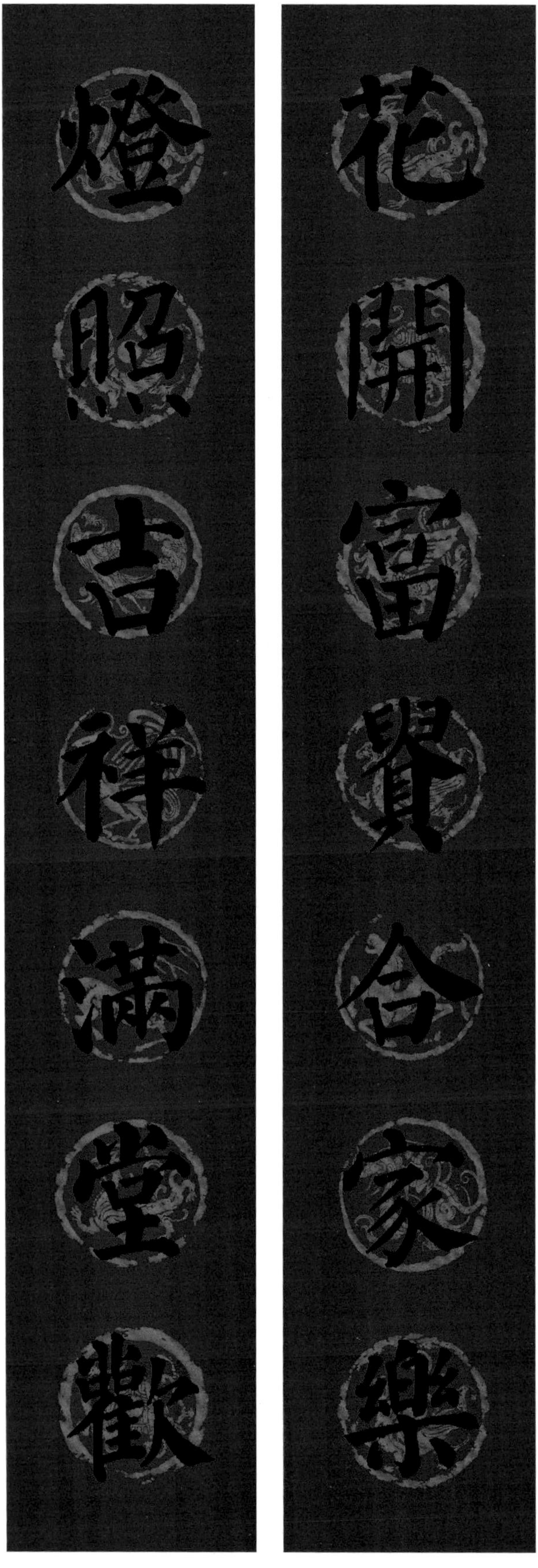

花开富贵合家乐
灯照吉祥满堂欢

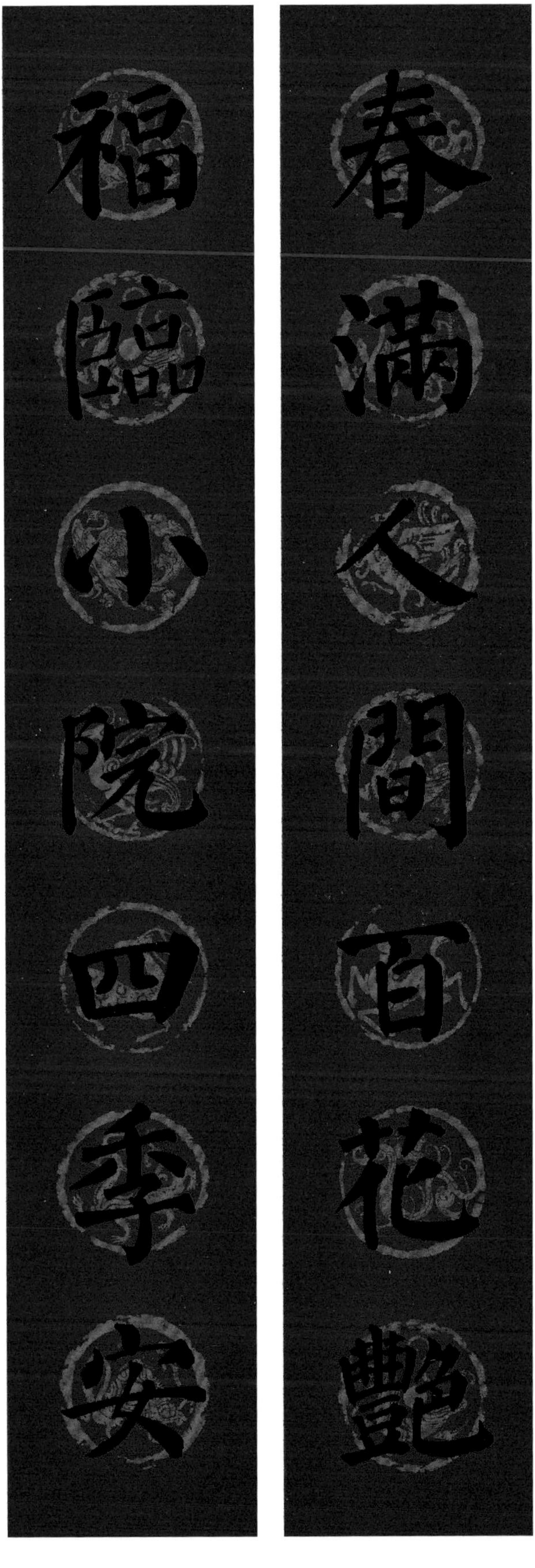

春满人间百花艳
福临小院四季安

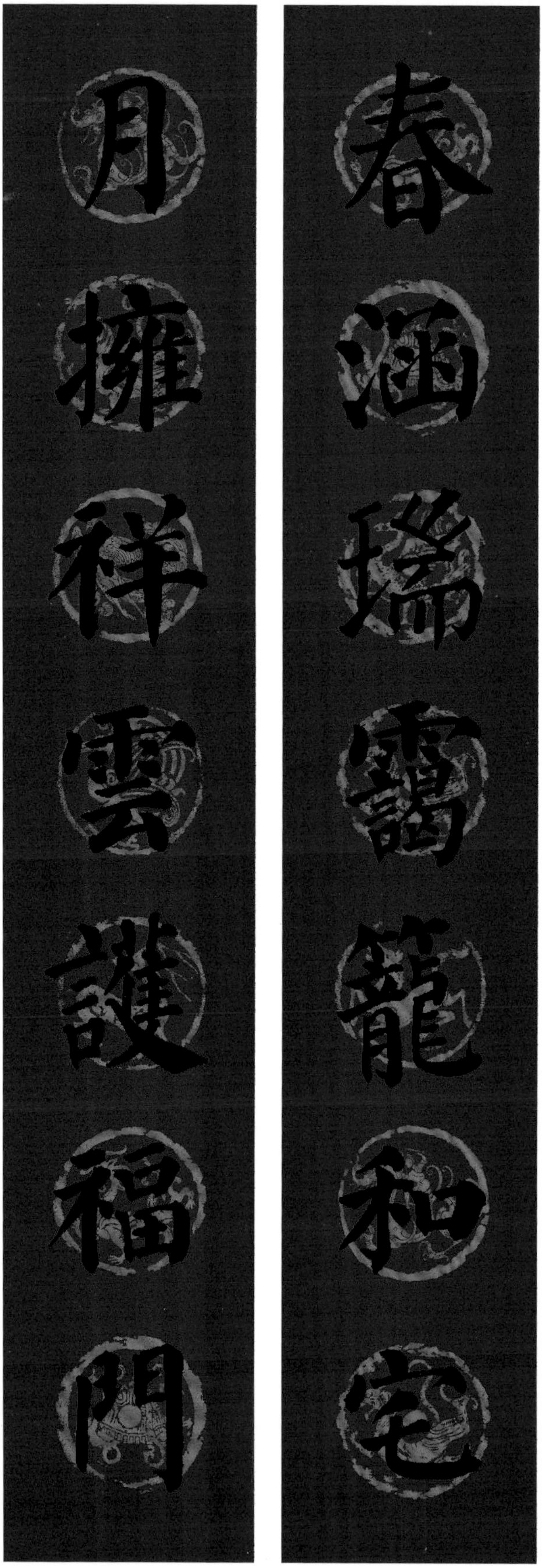

春涵瑞霭笼和宅
月拥祥云护福门

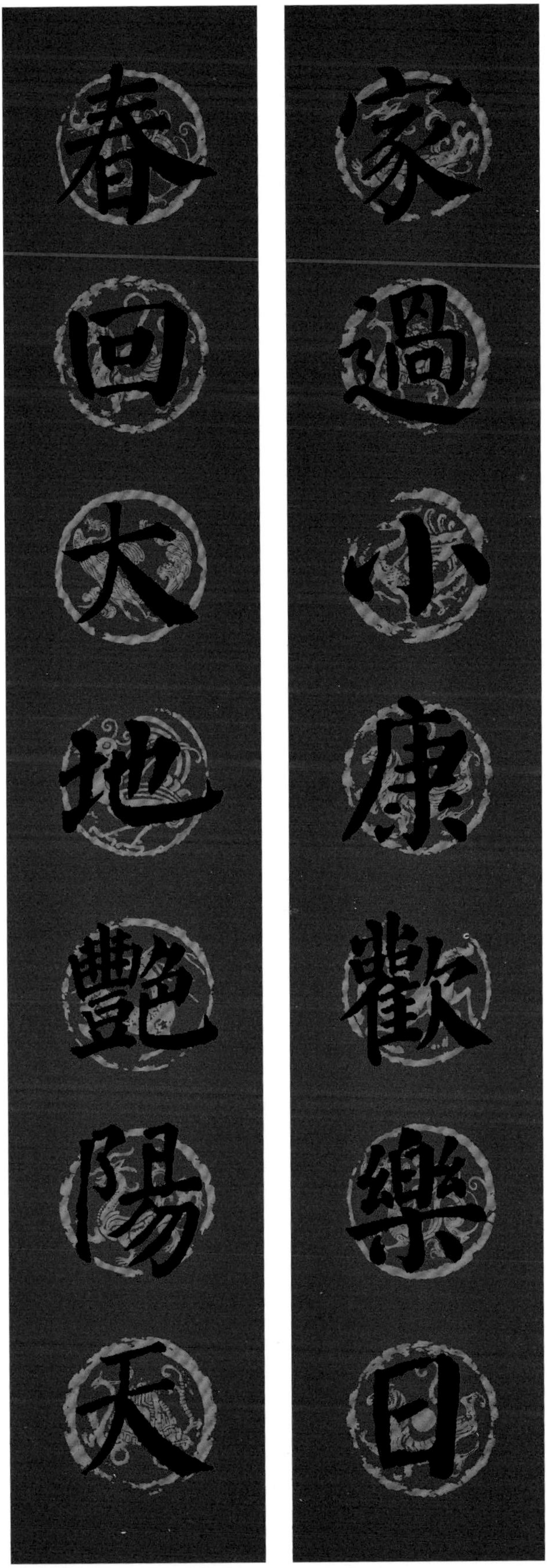

家过小康欢乐日
春回大地艳阳天

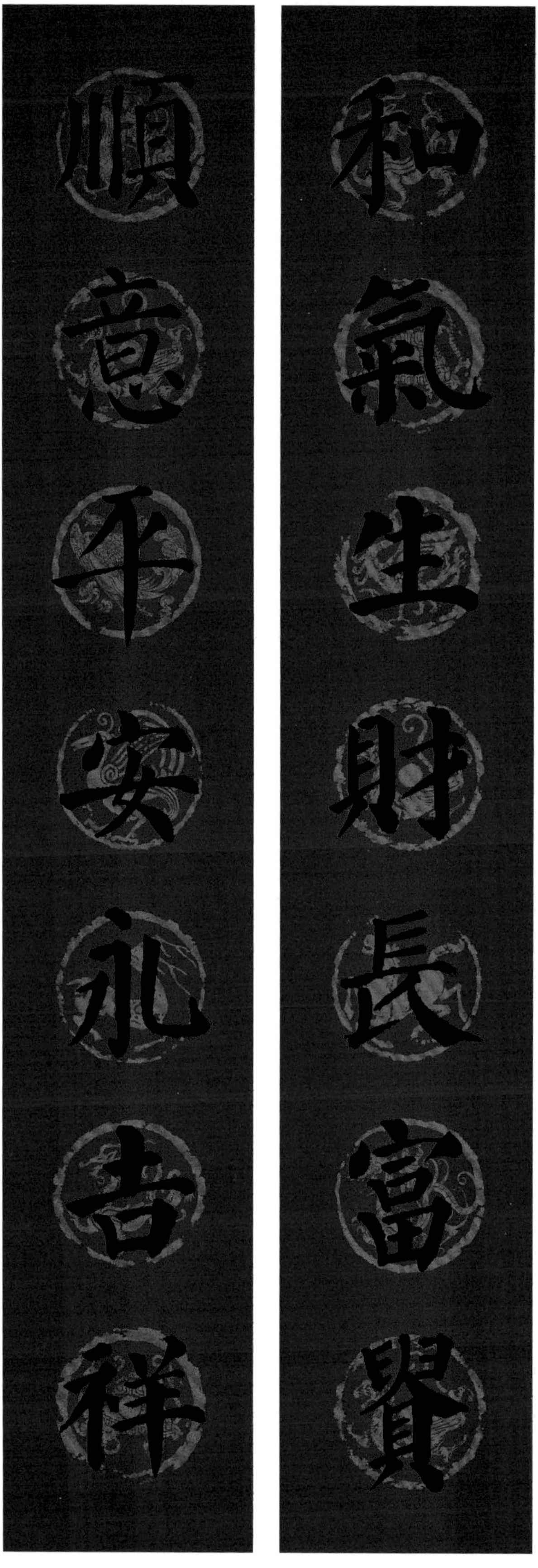

和气生财长富贵
顺意平安永吉祥

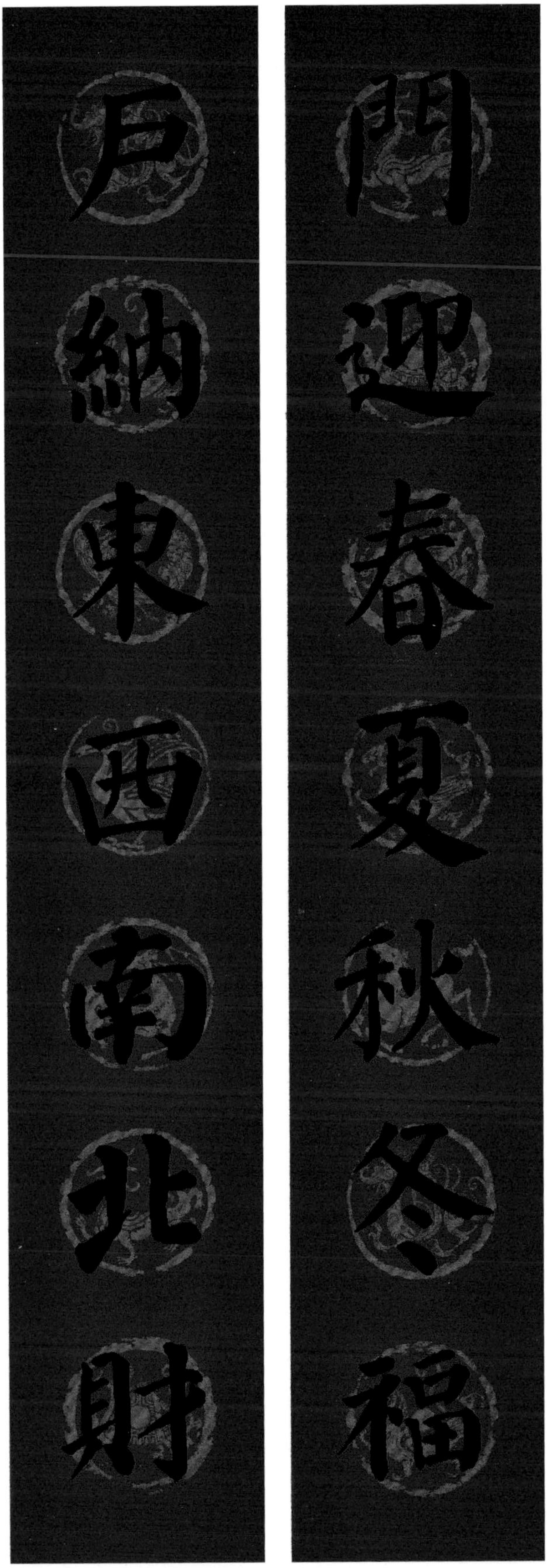

门迎春夏秋冬福
户纳东西南北财

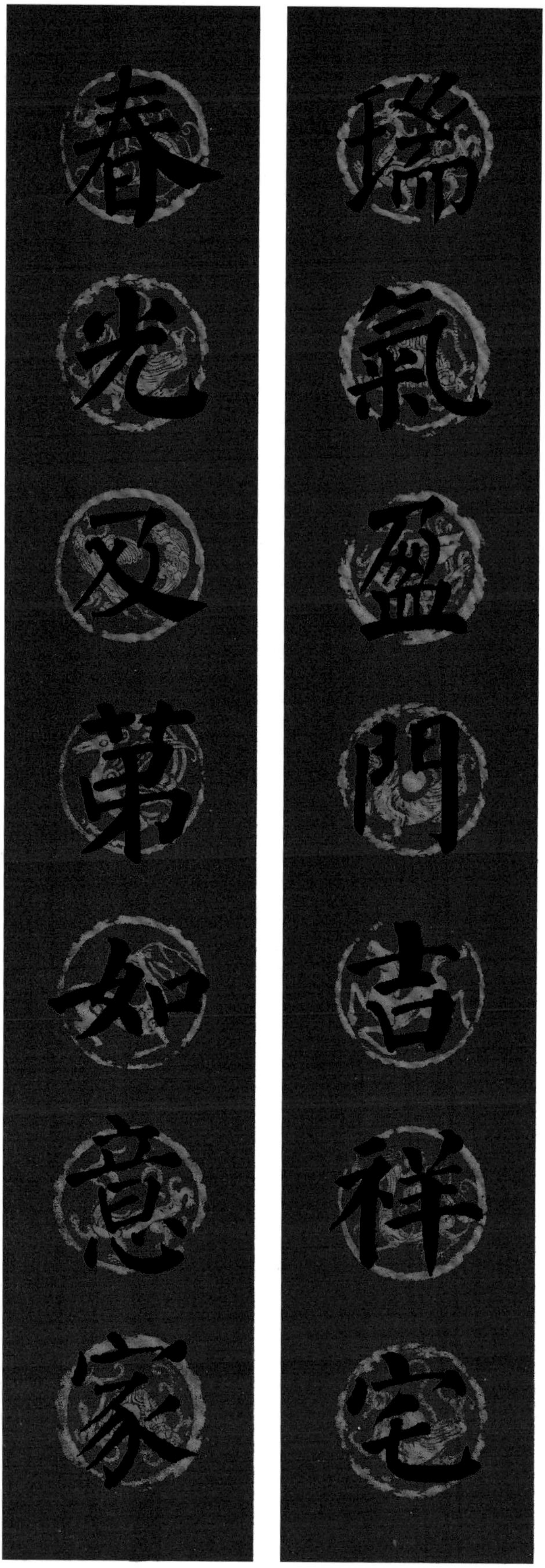

瑞气盈门吉祥宅
春光及第如意家

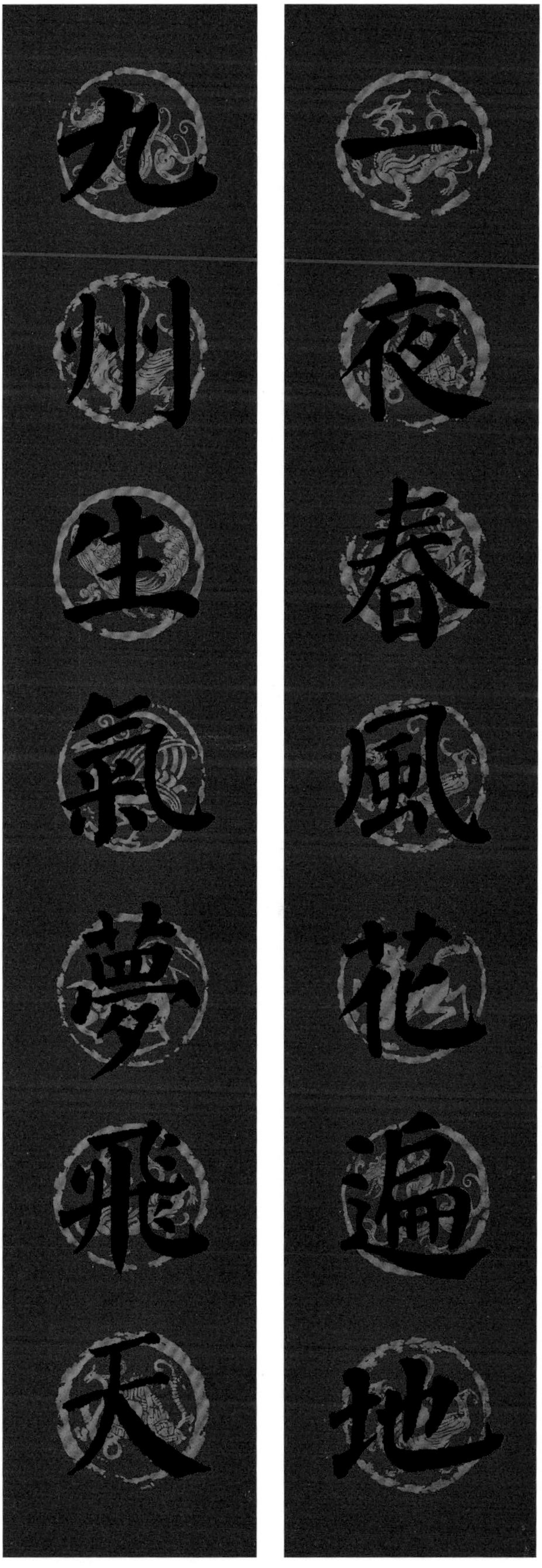
一夜春風花遍地
九州生氣夢飛天

一夜春风花遍地
九州生气梦飞天

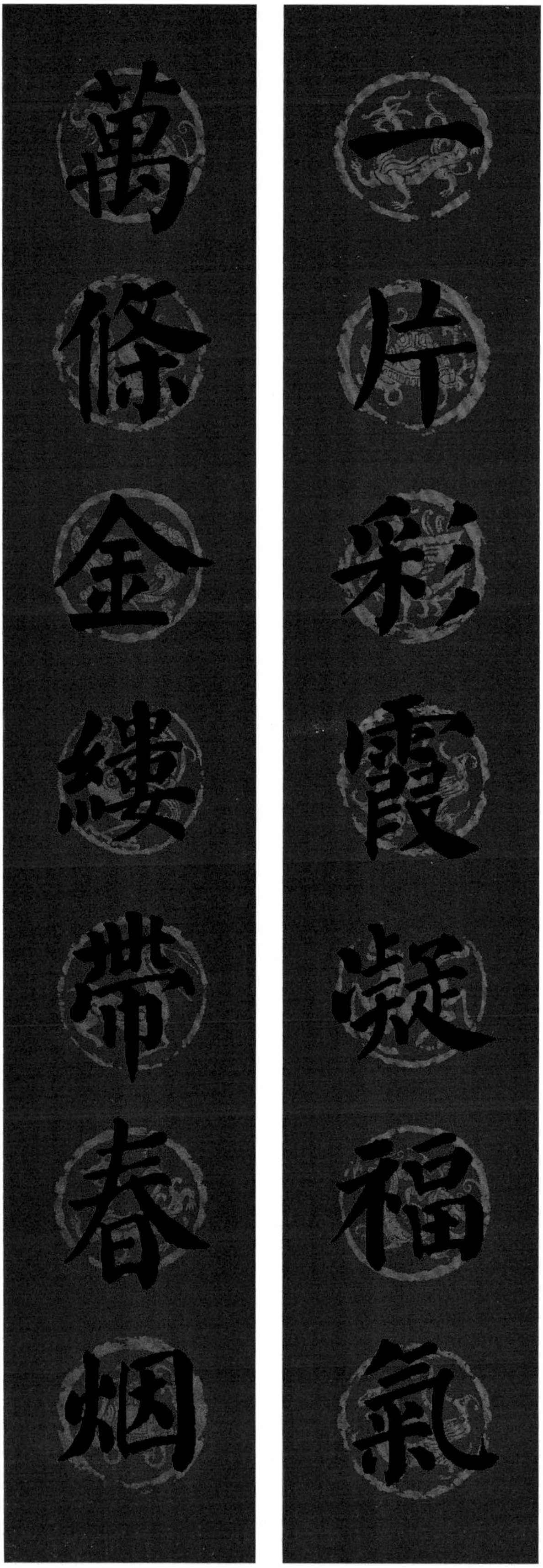

一片彩霞凝福气
万条金缕带春烟

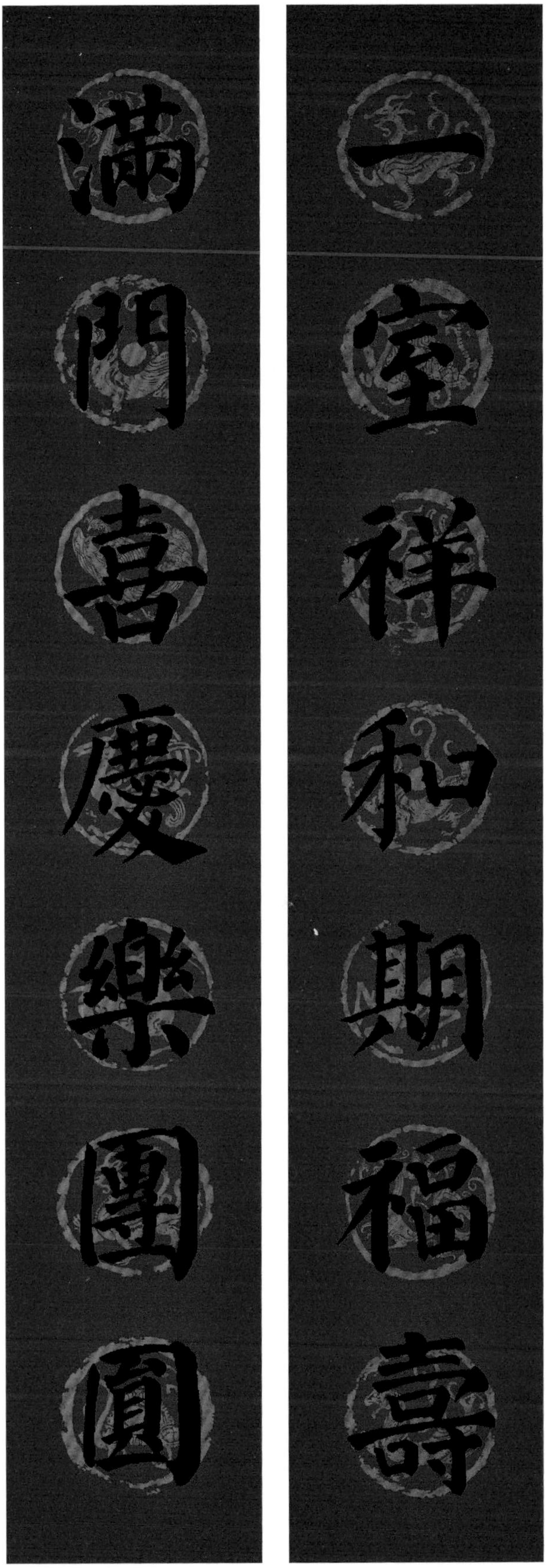

一室祥和期福寿
满门喜庆乐团圆

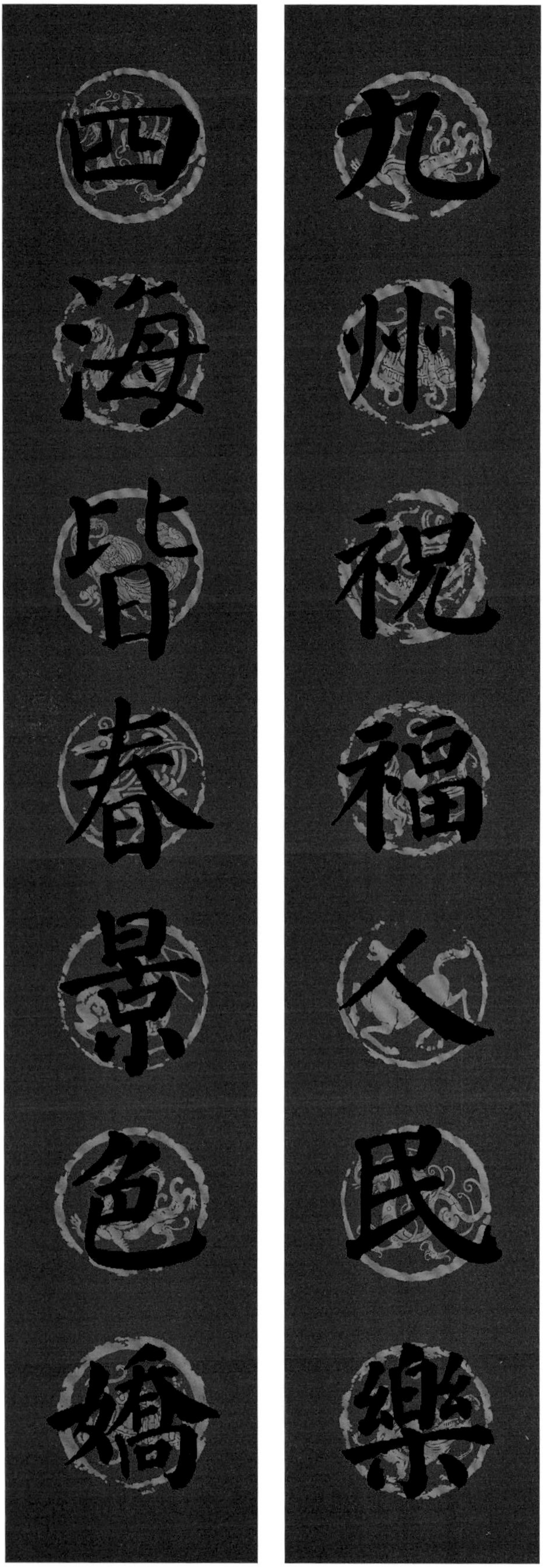

九州祝福人民乐
四海皆春景色娇

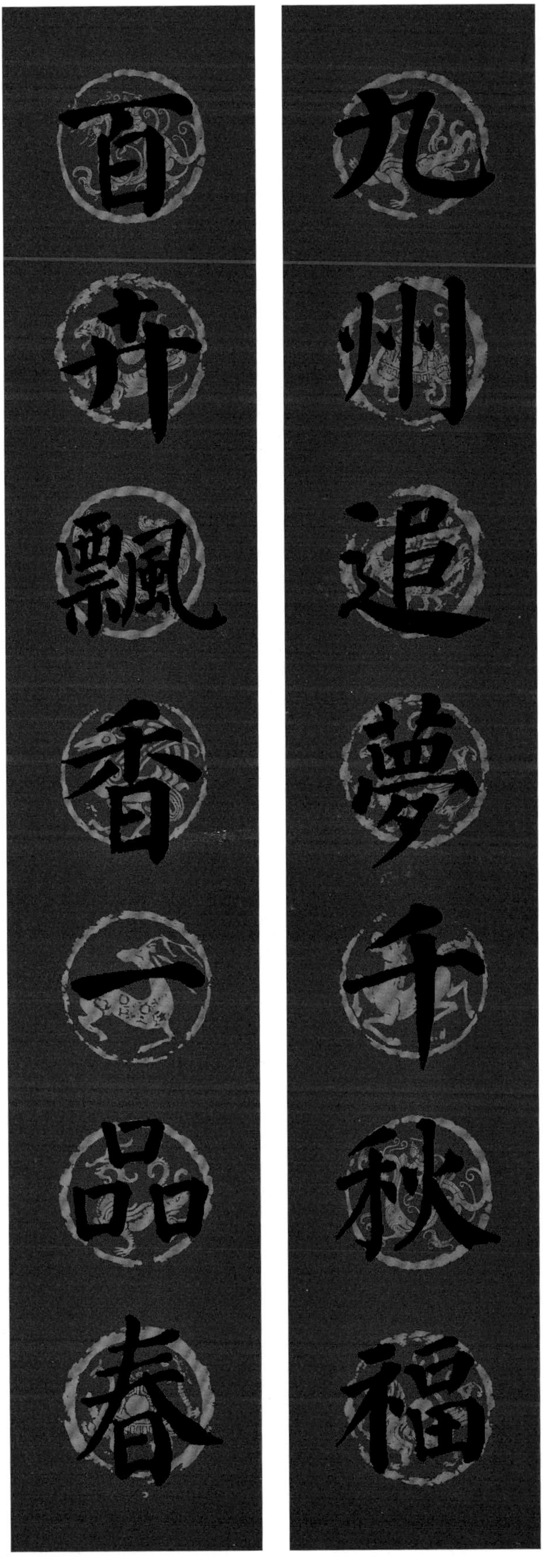

九州追梦千秋福
百卉飘香一品春

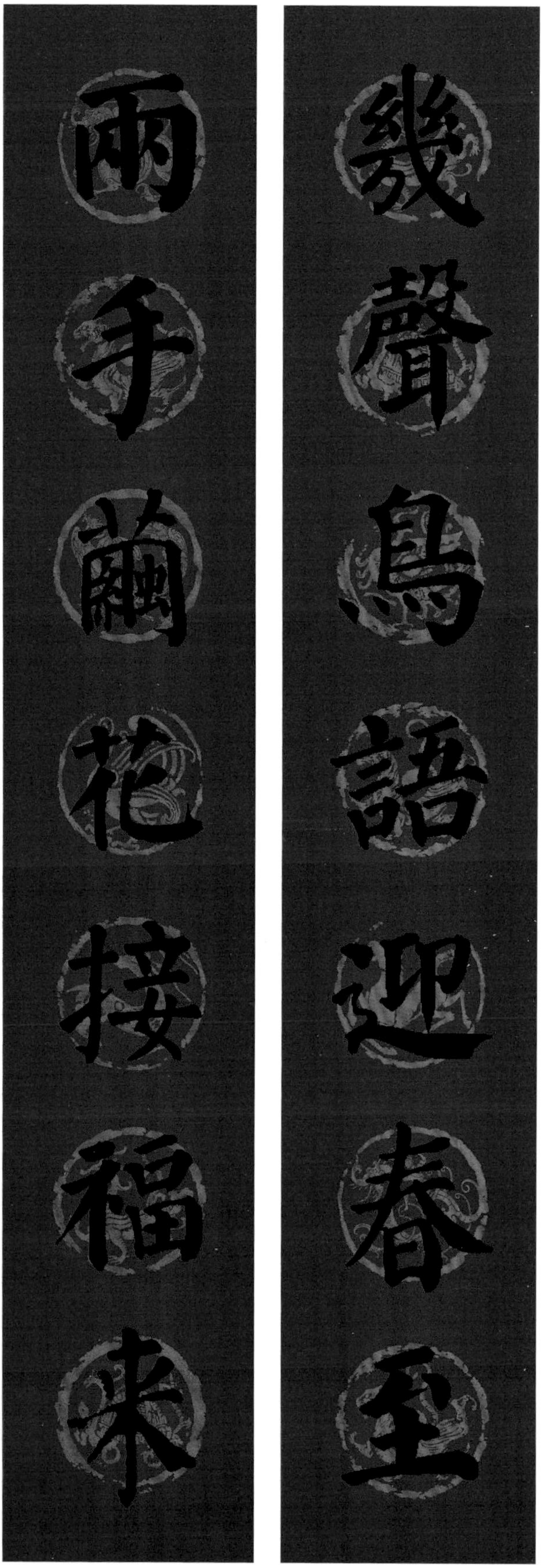

几声鸟语迎春至
两手茧花接福来

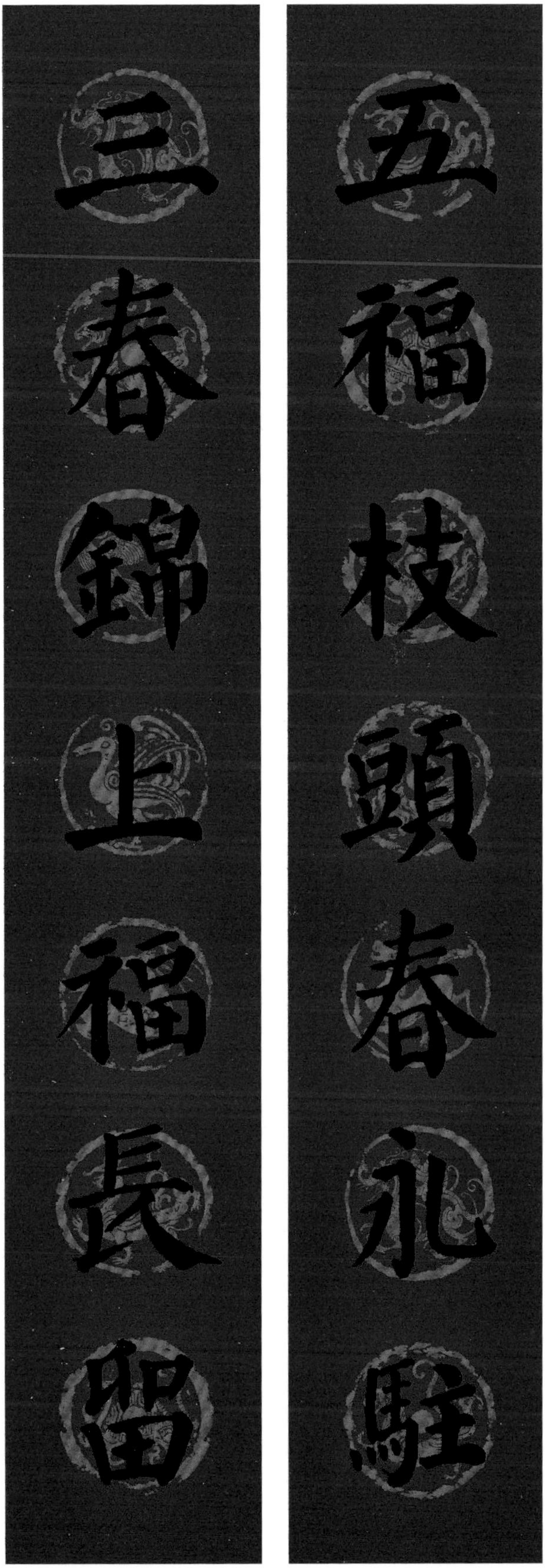

五福枝头春永驻
三春锦上福长留

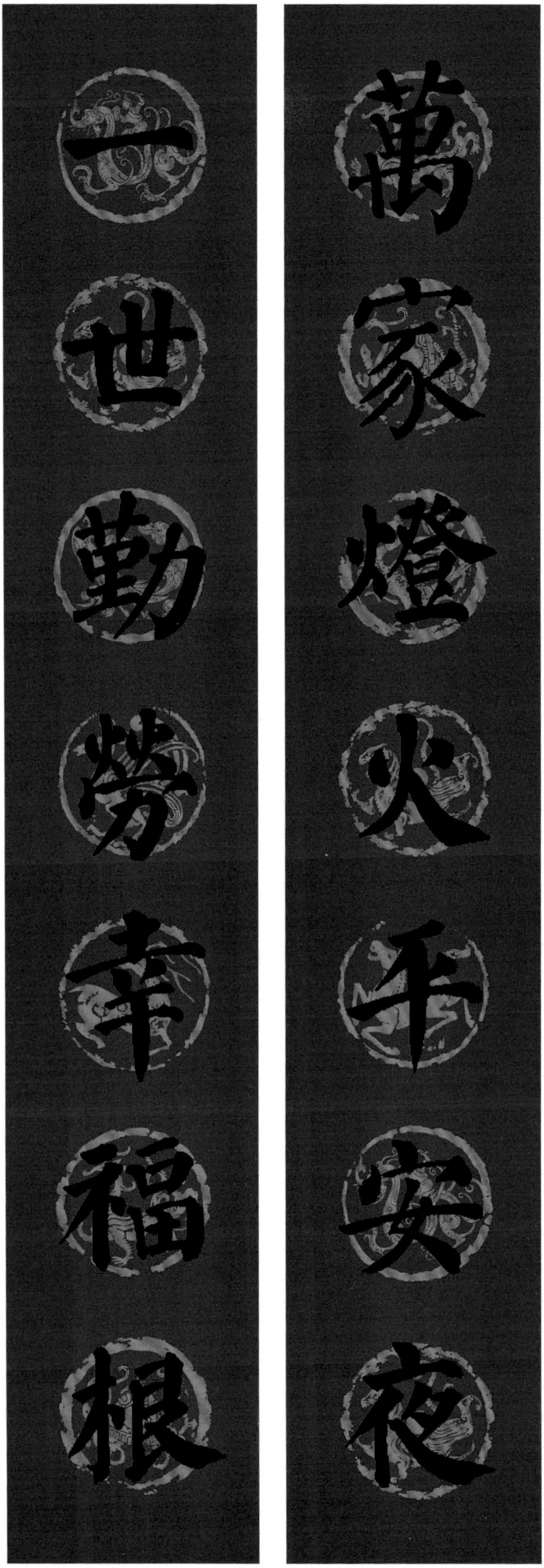

万家灯火平安夜
一世勤劳幸福根

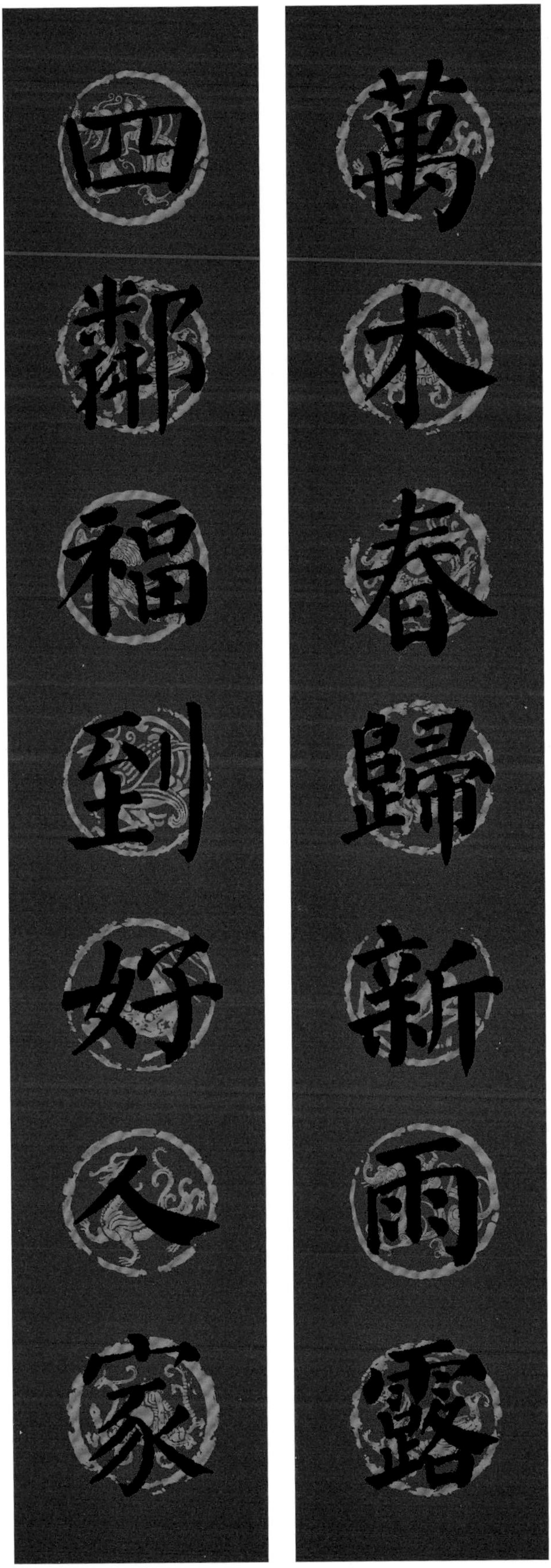

万木春归新雨露
四邻福到好人家

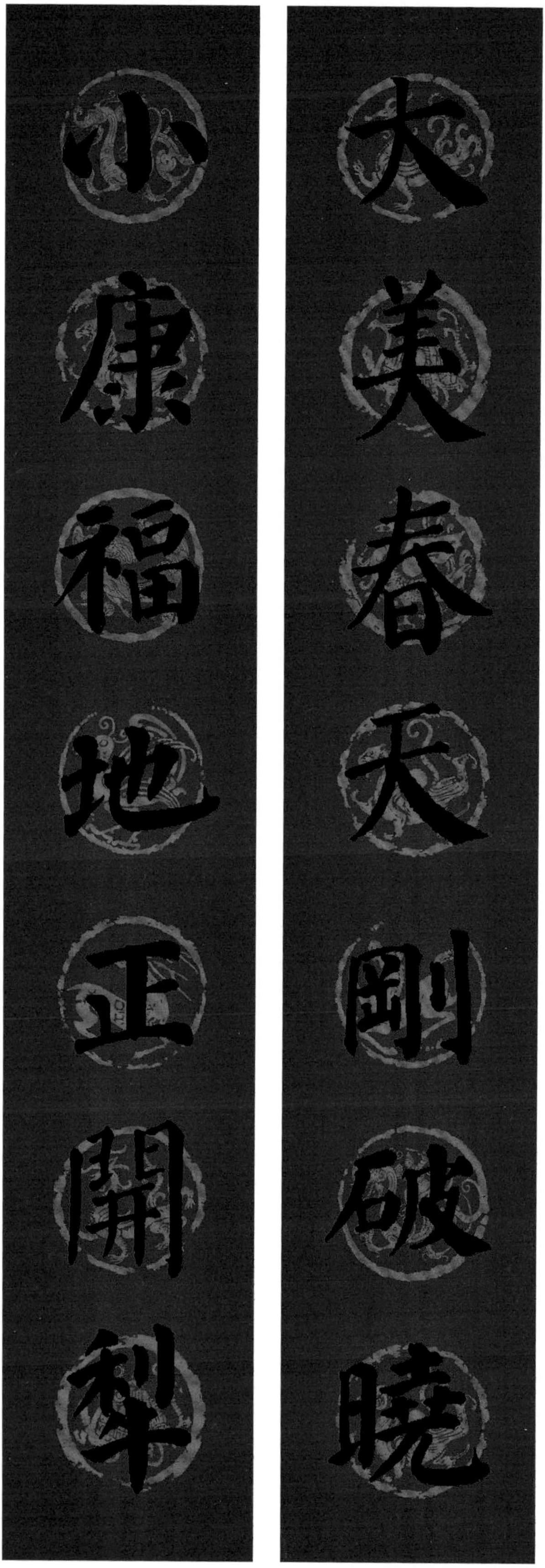

大美春天刚破晓
小康福地正开犁

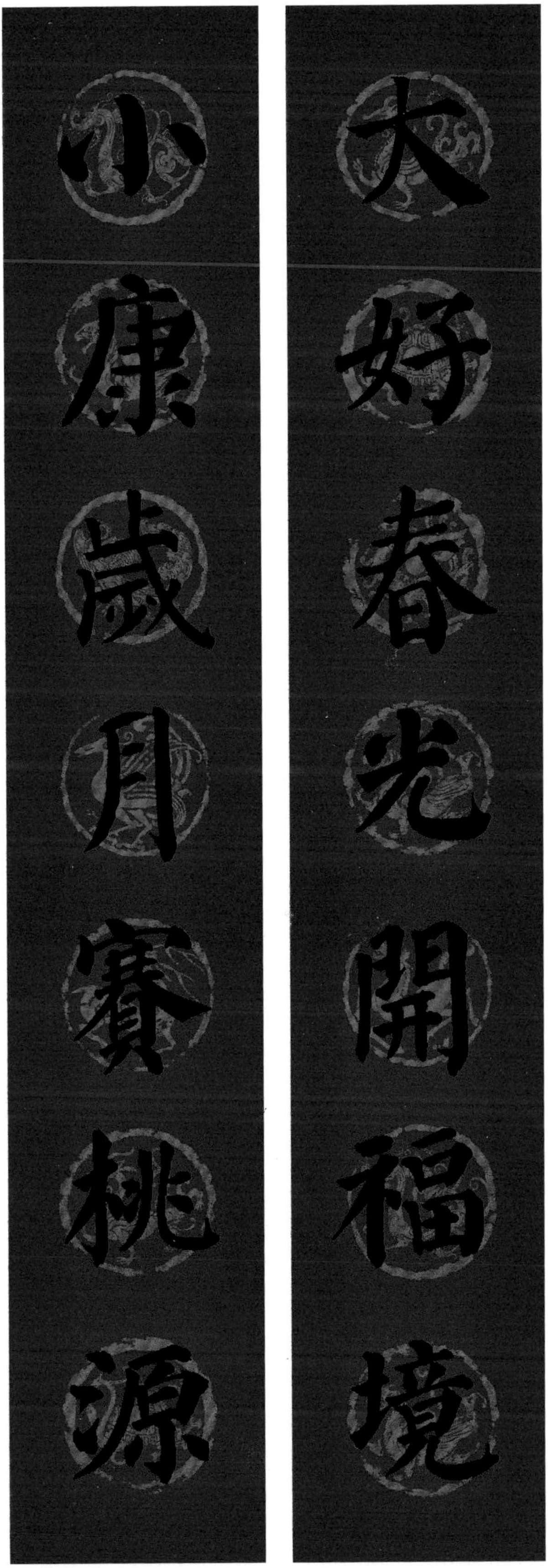

大好春光开福境
小康岁月赛桃源

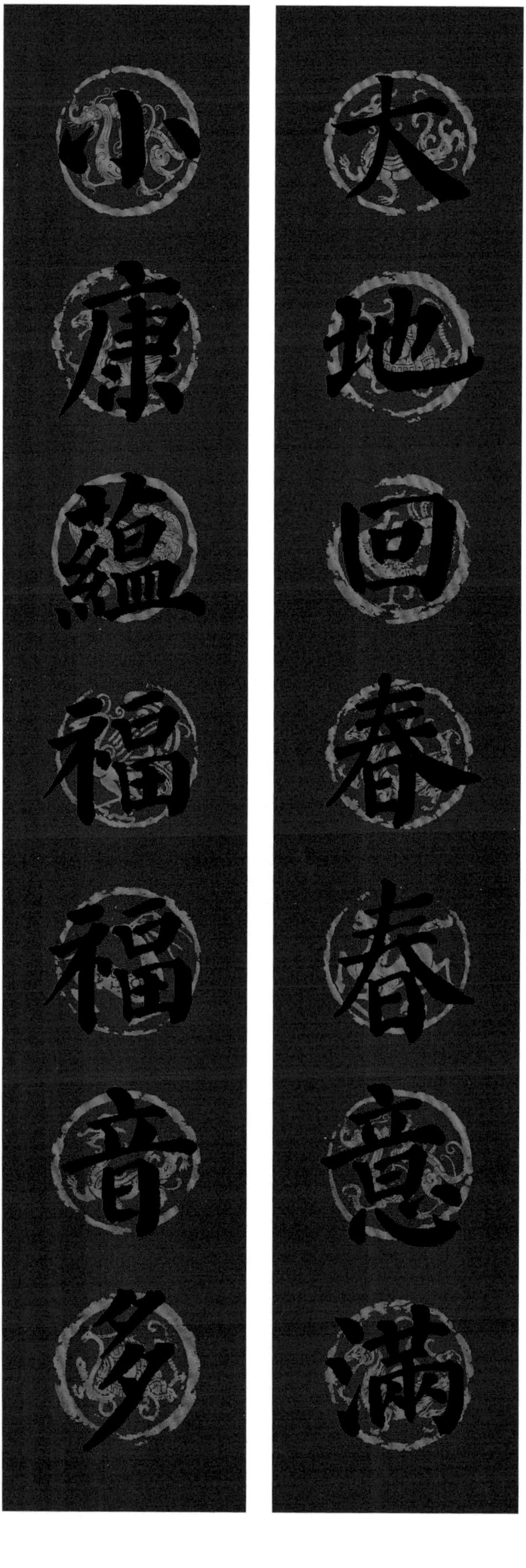

大地回春春意满
小康蕴福福音多

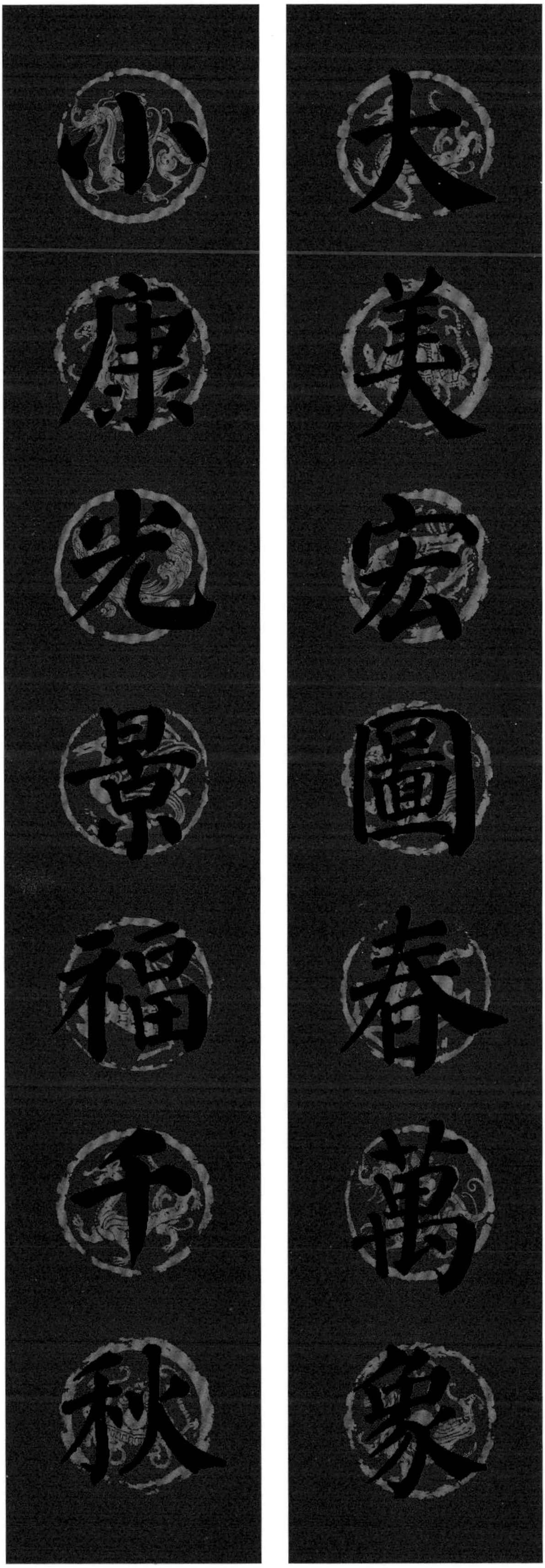

大美宏图春万象
小康光景福千秋

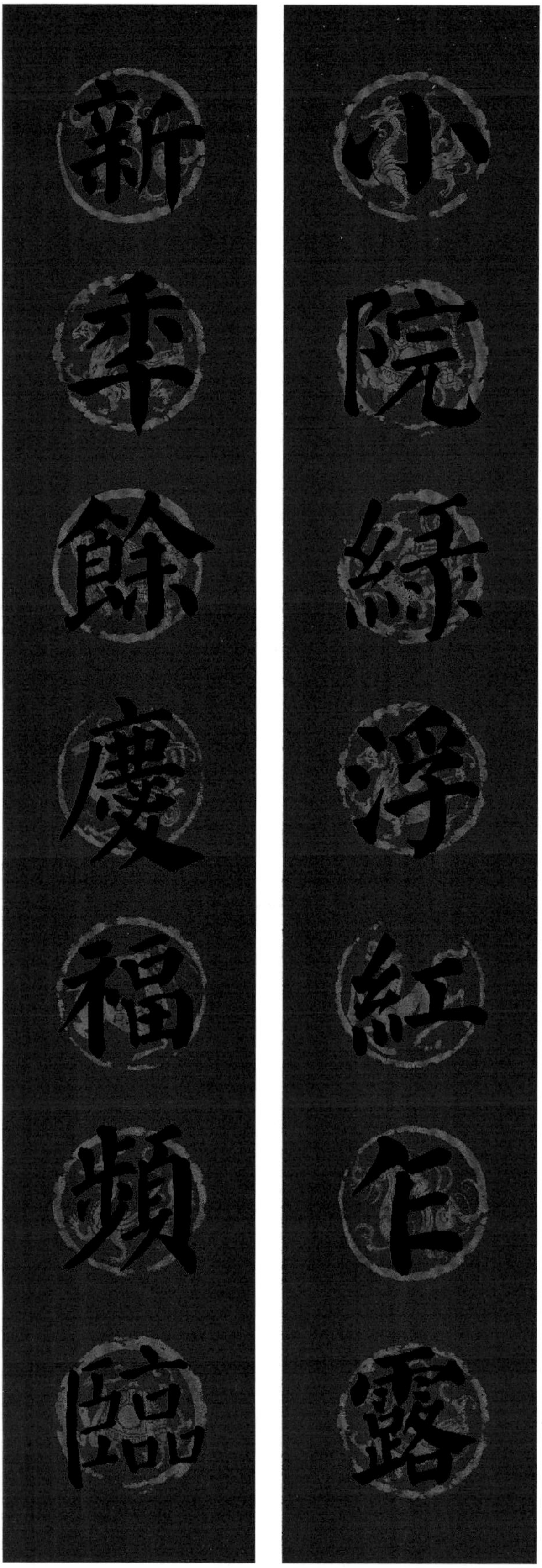

小院绿浮红乍露
新年余庆福频临

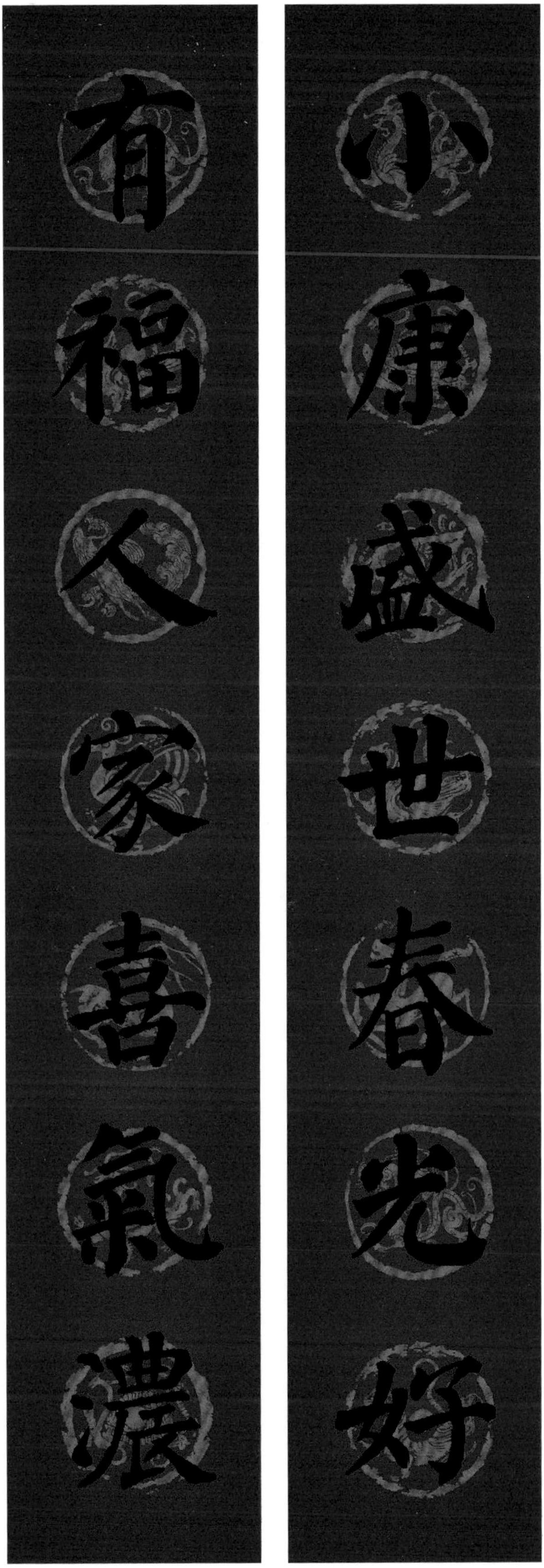

小康盛世春光好
有福人家喜气浓

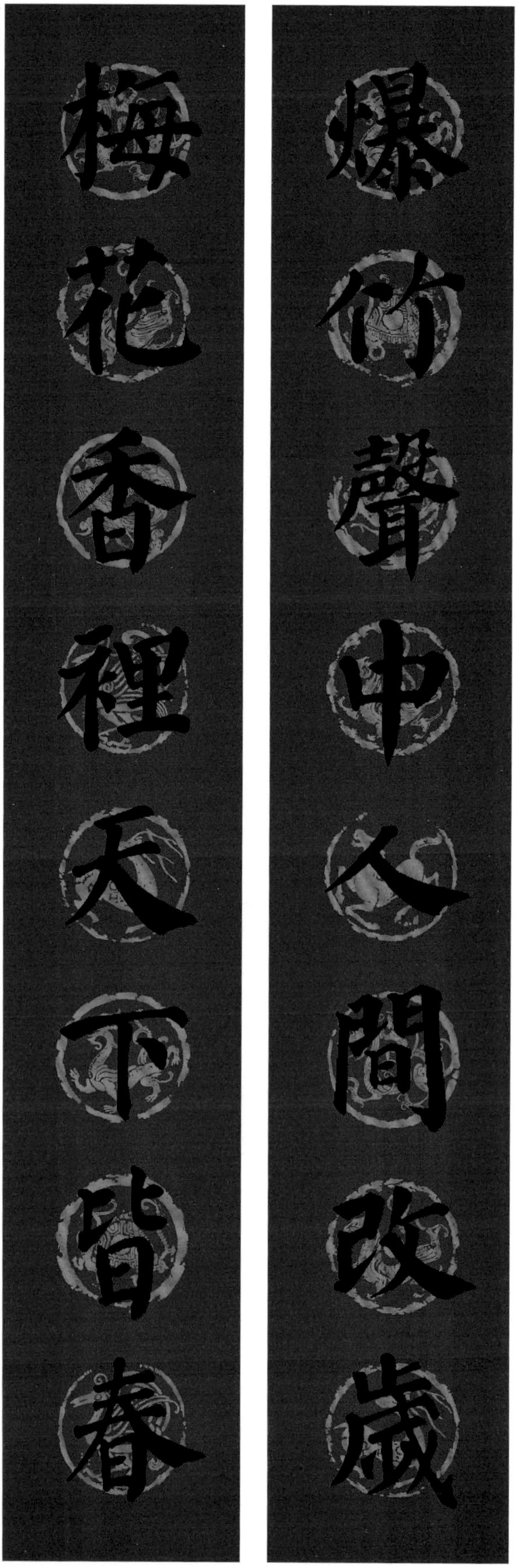

爆竹声中人间改岁
梅花香里天下皆春

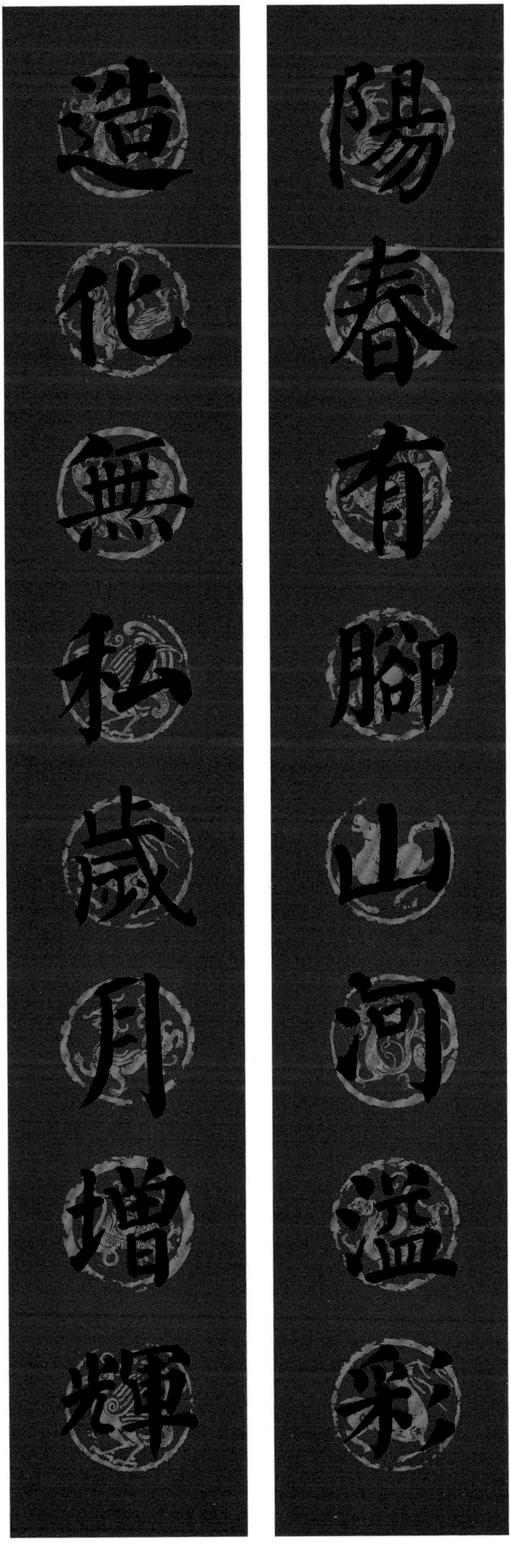
陽春有腳山河溢彩
造化無私歲月增輝

阳春有脚山河溢彩
造化无私岁月增辉

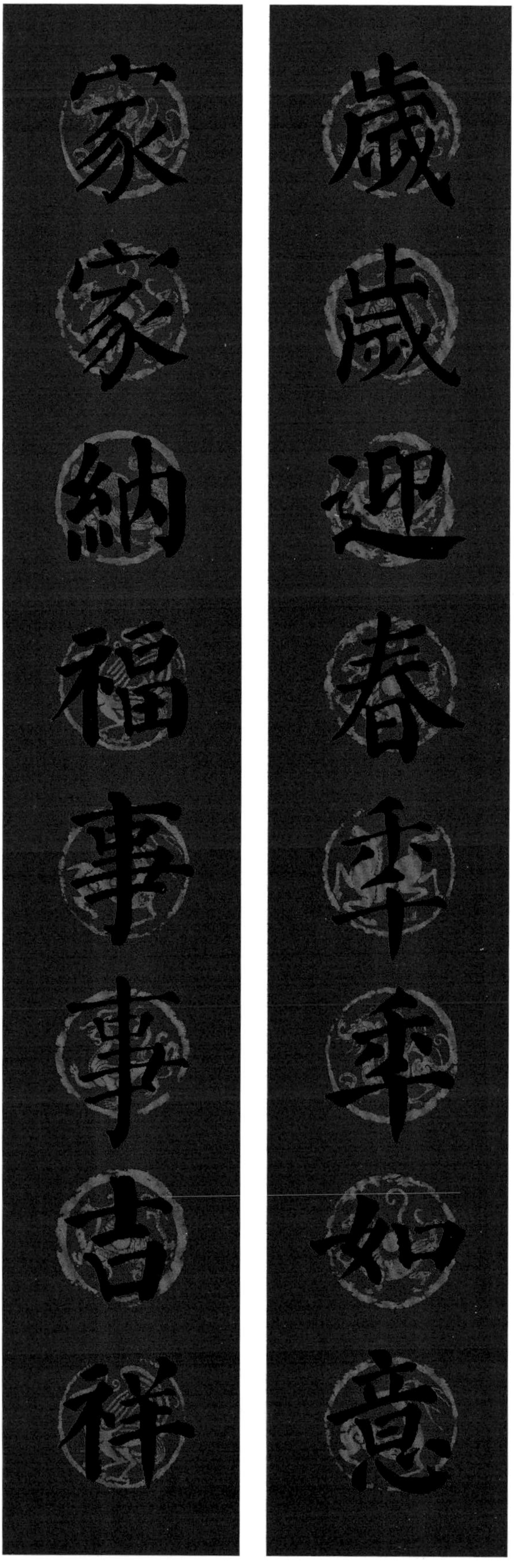

岁岁迎春年年如意
家家纳福事事吉祥

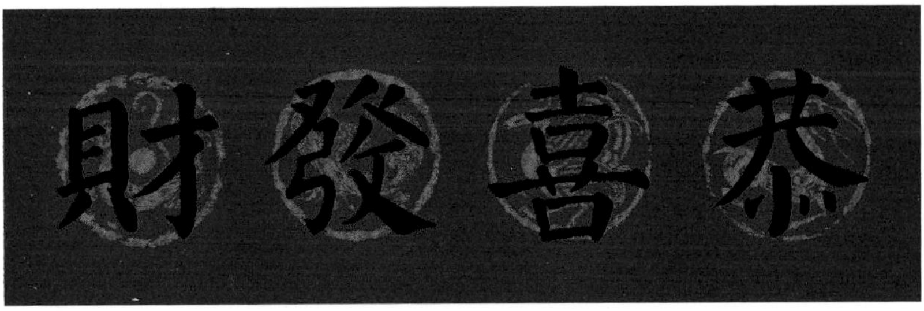

恭喜发财

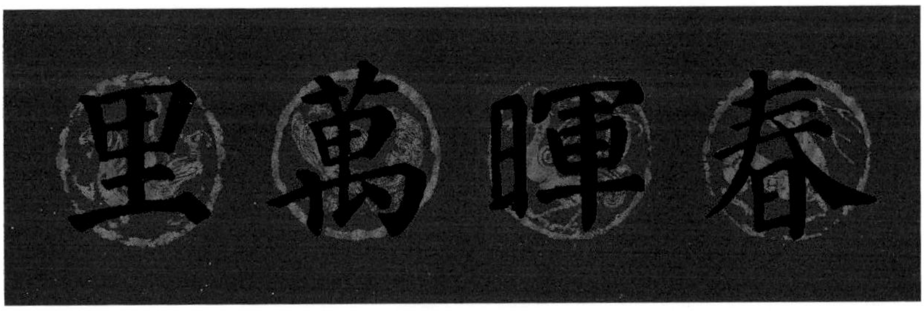

春晖万里

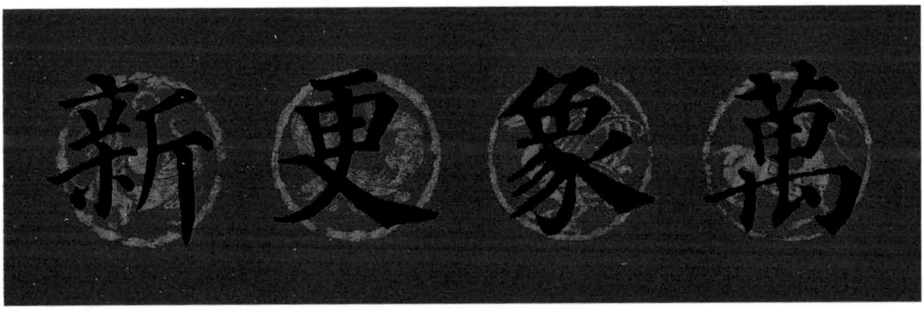

万象更新

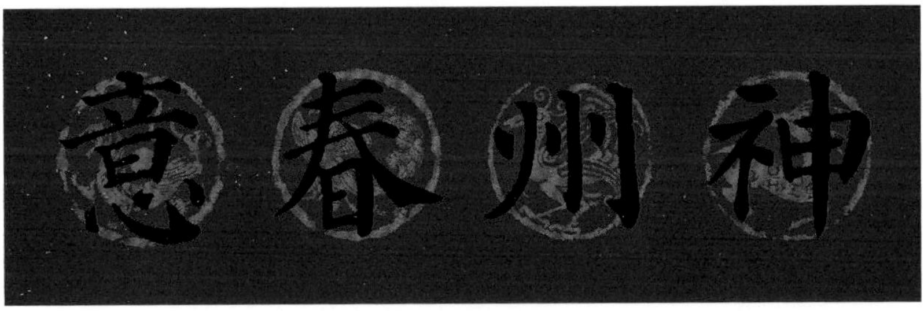

神州春意

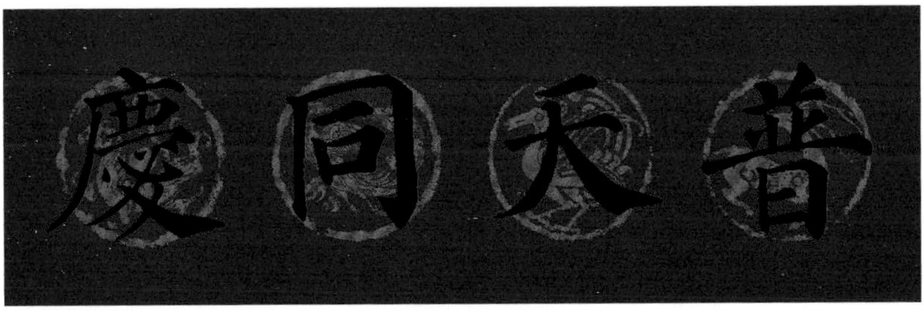

普天同庆

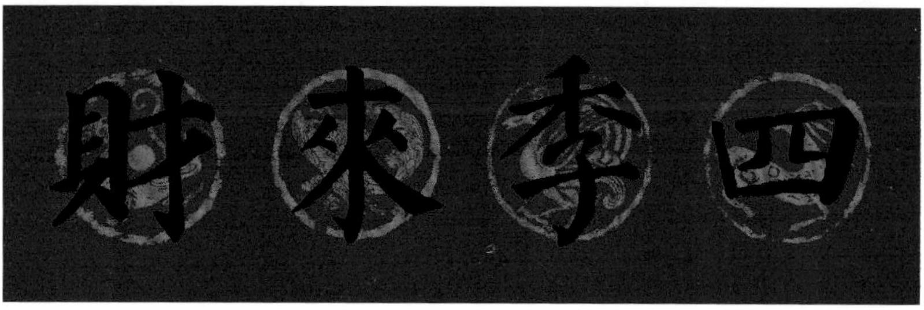

四季来财

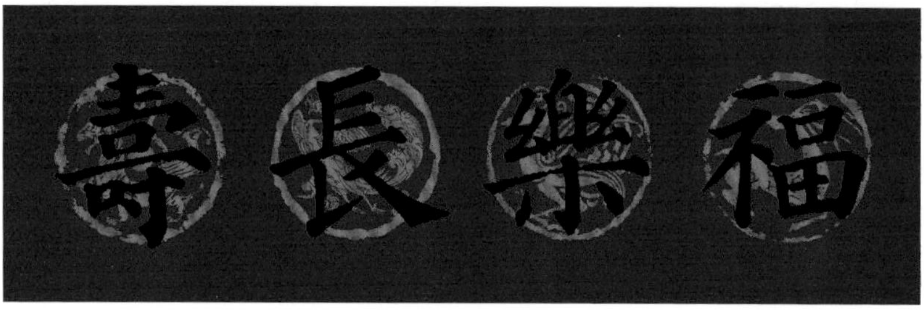

福乐长寿

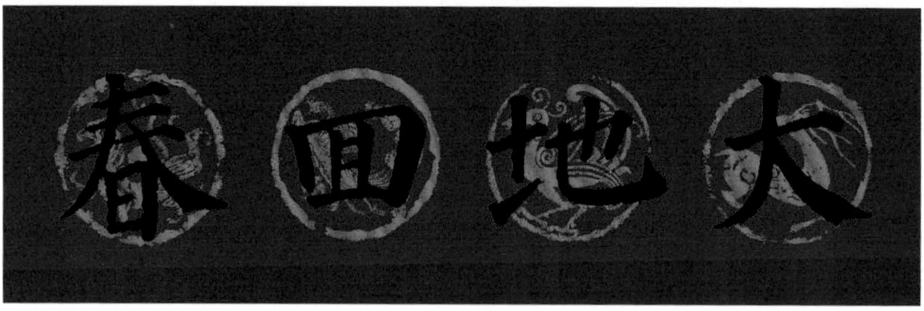

大地回春

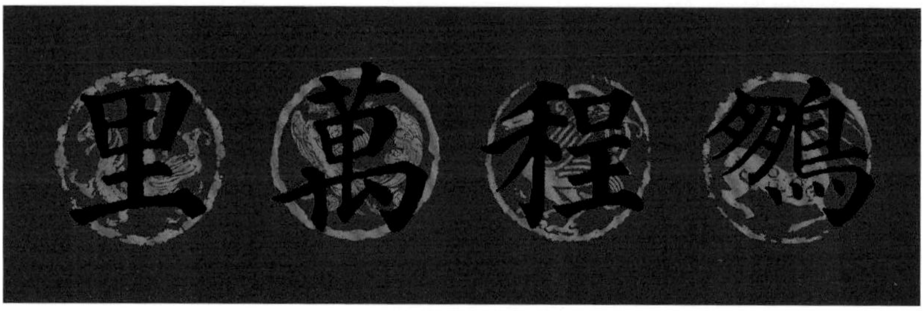

鹏程万里

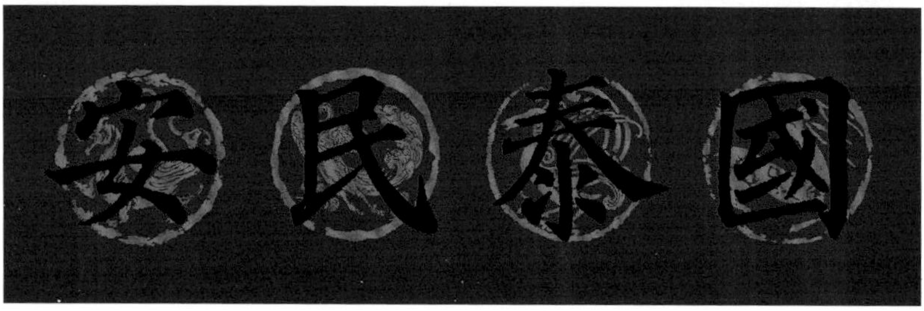

国泰民安

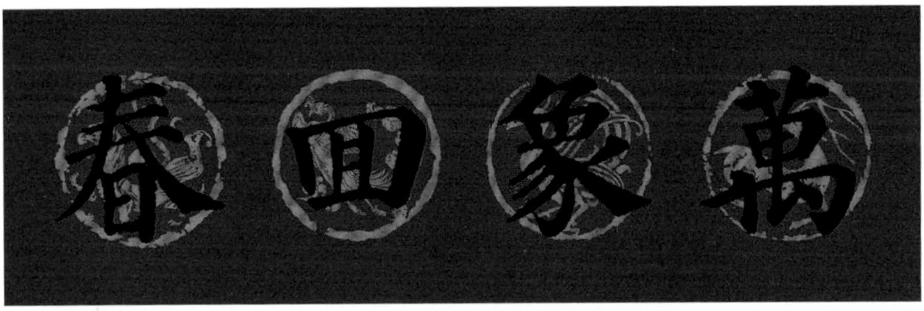

万象回春

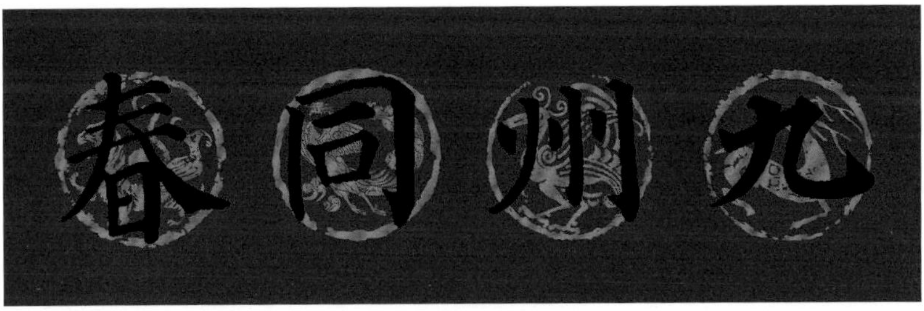

九州同春

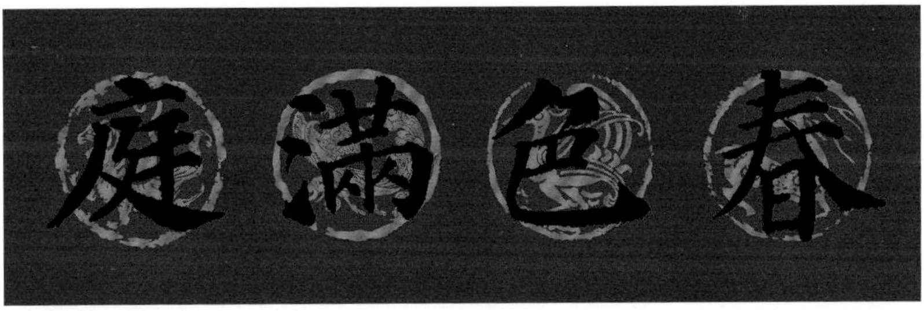

春色满庭

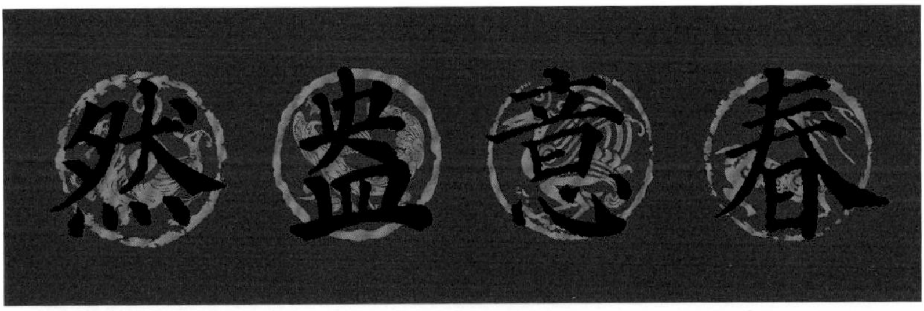

春意盎然

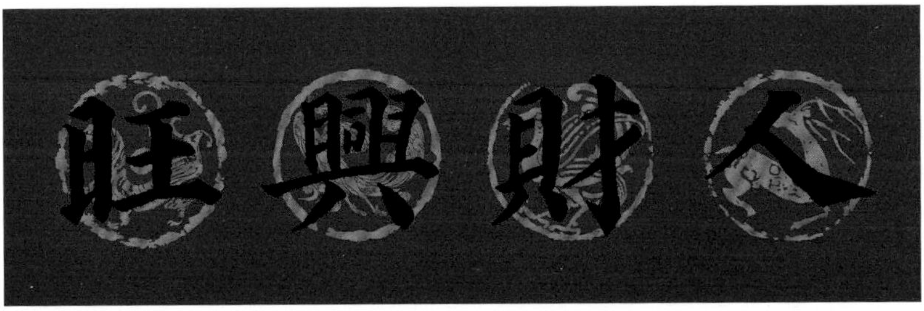

人财兴旺

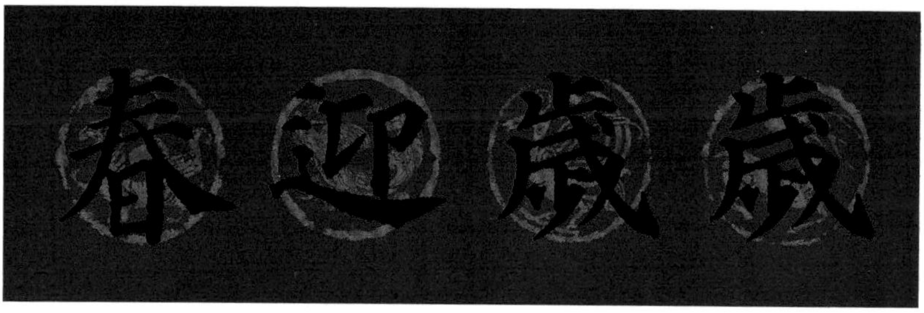

岁岁迎春

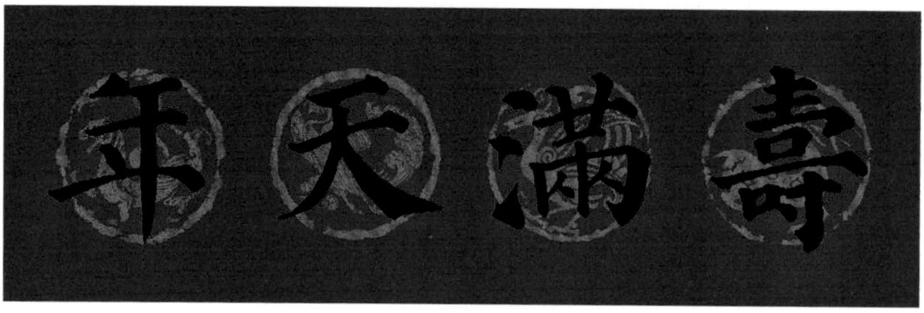

寿满天年

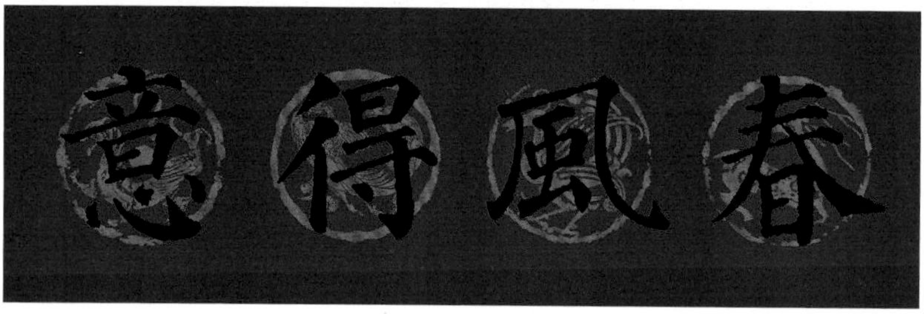

春风得意

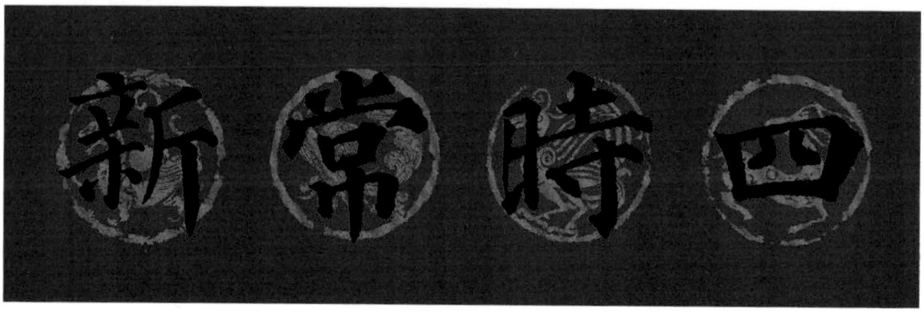

四时常新

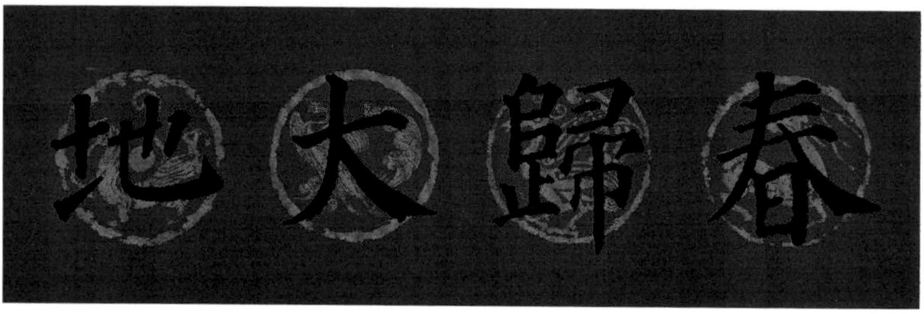

春归大地

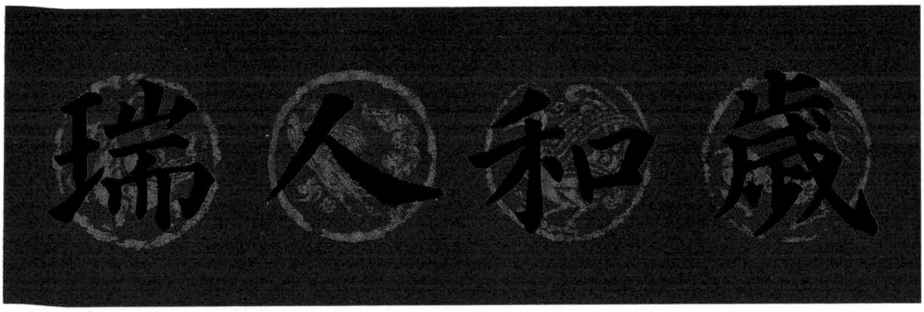

岁和人瑞

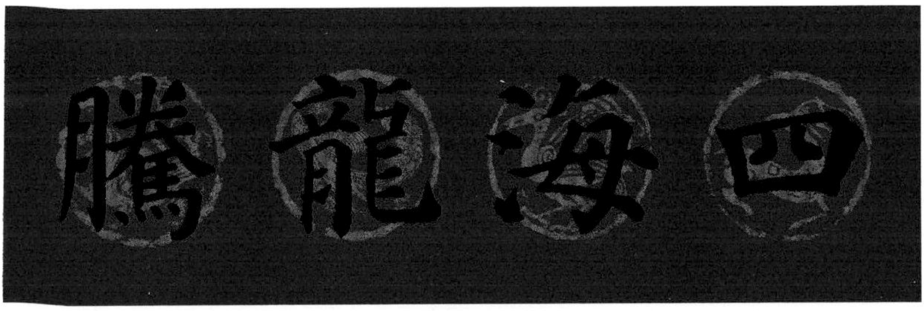

四海龙腾

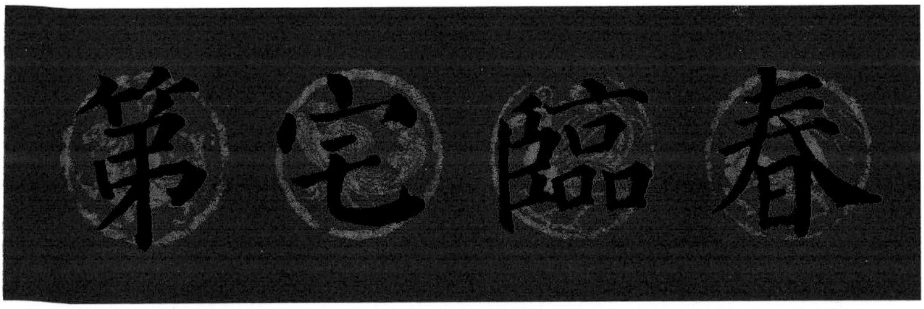

春临宅第

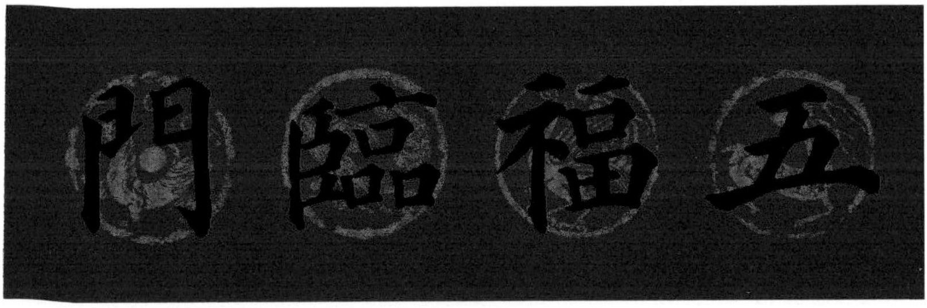

五福临门

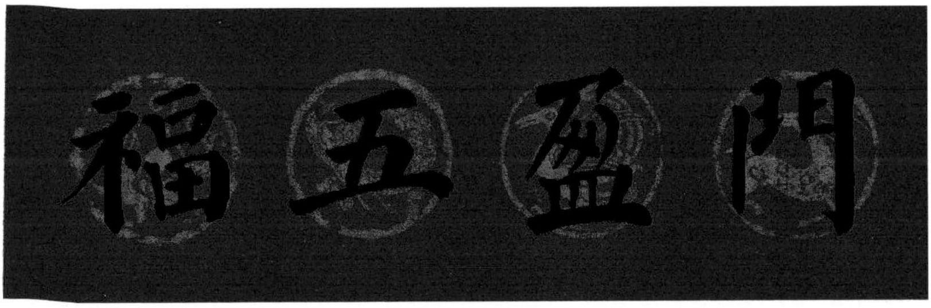

门盈五福

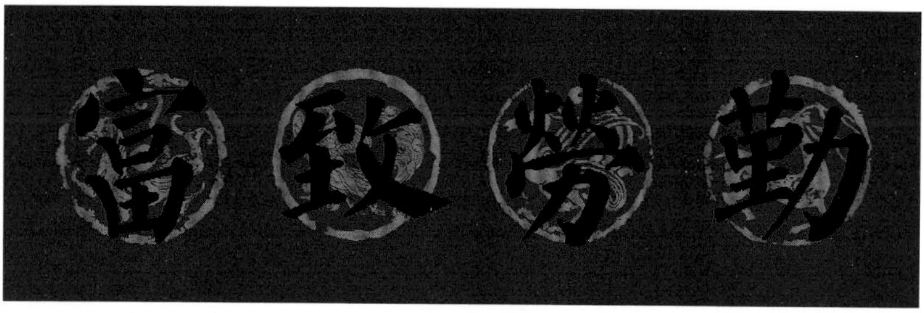

勤劳致富

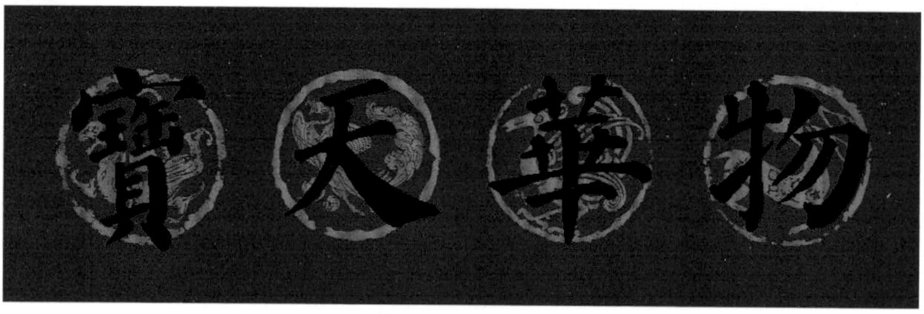

物华天宝

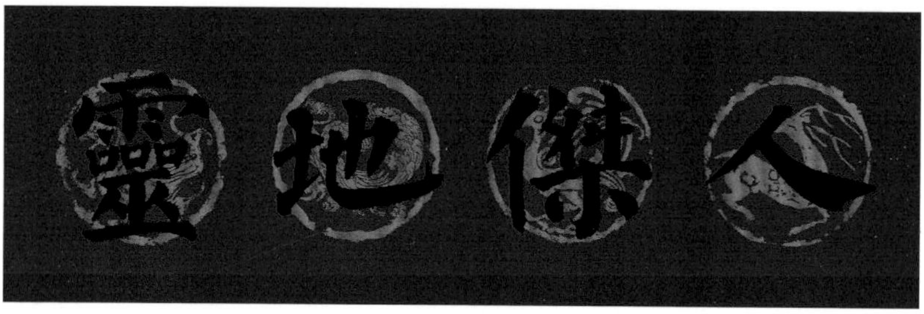

人杰地灵

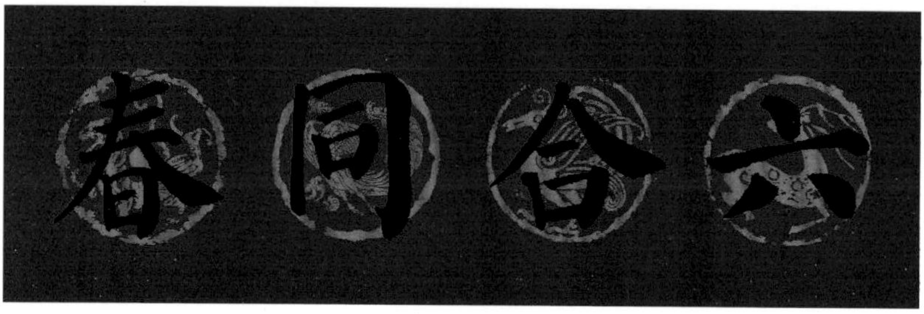

六合同春

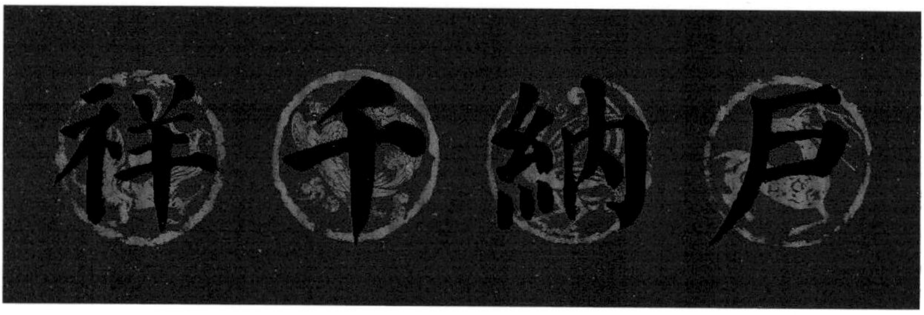

户纳千祥